Friedrich Gerstäcker

Der Wilderer

CLASSIC PAGES

Gerstäcker, Friedrich

Der Wilderer

Reihe: classic pages

1. Auflage 2009 | ISBN: 978-3-86741-189-9

Verbesserter Nachdruck der Erstausgabe von 1864 (Verlag Hermann Costenoble, Leipzig)

© Europäischer Hochschulverlag GmbH & Co KG

www.classic-pages.de

Der Wilderer.

Drama in fünf Aufzügen.

Der Wilderer.

Drama in fünf Aufzügen

von

Friedrich Gerstäcker.

Den Bühnen gegenüber als Manuscript gedruckt.

Leipzig,
Hermann Costenoble.
1864.

Der Autor behält sich die Ueberſetzung dieſes Werkes vor.

Personen:

Förster Müller zu Hollendeik.
Margareth, dessen Tochter.
Keller, dessen Forstgehülfe.
Schneider, Kreiser.
Förster Wentzel zu Herslingen.
Schöffel, sein Kreiser.
Martha, dessen Frau.
Joseph Kerbelmann, Wirth zum Hirsch in Hollendeik.
Franz, Aufwärter.
Zwei Gensdarmen.

Ort der Handlung: Hollendeik und der benachbarte Wald.

Zwischen dem dritten und vierten Act liegt ein Zeitraum von einigen Monaten.

(Förster Wentzel kann eine Flinte tragen, Förster Müller trägt einen Stock.

Rechts und links vom Schauspieler aus genommen.)

Erster Act.

Erste Scene.

Freier Platz vor dem Gasthof zum Hirsch in Hollenbeil. — Ein paar Bänke und Stühle.

Förster Müller, Förster Wentzel sitzen an einem der Tische vor Bierkrügen. Der Hausknecht Franz als Kellner geht ab und zu.

Forstgehülfe Keller tritt auf.

Wentzel. Famoses Bier, was der Hirschenwirth braut; das muß wahr sein, wenn ich dem Burschen selbst auch eigentlich nicht grün bin.

Müller. Nun Keller, was bringen Sie? Machen ja ein Gesicht wie sieben Meilen schlechter Weg.

Keller. Nichts besonders Gutes, Herr Förster. Oben am Lerchenschlag ist wieder ein Stück Wildpret geschossen — und der Schuft, wie gewöhnlich, damit über die Grenze gefahren.

Müller (mit der Faust auf den Tisch schlagend). Da muß doch der helle Teufel drin sitzen. 'S wird alle Tage schlimmer statt besser, und wenn der Forstrath einmal herunter kommt und Wind von der Sache kriegt, so können wir uns Alle gratu= liren. Wüßt' ich nur, von welcher Grenze die schuftigen Wilderer sind, ob von Euerer oder von unserer.

Keller (verächtlich). Hausdiebe sind's; meinen Hals zum Pfand.

Wentzel. Hausdiebe im Walde draußen?

Keller. Angestellte mein' ich, die all' unsere Schliche und Wege kennen, — sonst ging's mit Zauberei zu, daß sie uns nicht schon einmal in's Garn gelaufen.

(Setzt sich mit zum Tisch. **Franz** bringt ihm Bier.)

Wentzel. Kann auch sein, aber für u n s e r e Leute steh' ich ein — die sind ehrlich.

Keller. Und gerade den Eueren trau' ich nicht. Dem einen rothköpfigen Halunken sieht der Spitz= bube aus den Augen heraus.

Wentzel. Der Schöffel? wenn nur Alle so

ehrlich wären wie der. Er war früher einmal Wilderer, ja, aber seit wir ihn angestellt haben, und er mit der Flinte herumlaufen darf, können wir uns fest auf ihn verlassen. Daß er nicht gerade hübsch ist, dafür kann er Nichts. Das ist eben eine Gabe Gottes.

Keller. Schöne Gottesgabe! Für solch ein Himmelsgeschenk möcht' ich mich bedanken. Der Galgen steht ihm auf der Stirn geschrieben.

Wenzel. Ach was Galgen — der ist ein ehrlicher Kerl, und wenn die Schufte nur keine Hehler hätten, bei denen sie ihr gestohlenes Wild jeden Augenblick unterbringen könnten, so sollten sie ihr Handwerk wohl von selber aufgeben. So aber brauchen sie ja nur damit nach Hollenbeik zu kommen, und die Waare ist gut und sicher aufgehoben. Den Hehlern solltet Ihr hier besser auf die Finger sehen, nachher wäre den Wilderern wohl auch beizukommen.

Müller. Das ist leider Gottes wahr, und ein Stück von meinem kleinen Finger gäb' ich drum, wenn mich Jemand auf die rechte Fährte brächte.

Wentzel (halblaut). Die liegt nah' genug. Dem Kerbelmann hier müßtet Ihr das Handwerk legen; die Canaille ist aber mit allen Hunden gehetzt, und — holt es sich am Ende auch selbst im Walde droben.

Müller (lacht). Der? gewiß nicht. Er hat wohl eine Scheibenbüchse und macht alle Schießen mit, ist aber auch immer baar Geld dabei, denn unter fünf Mal fehlt er regelmäßig zwei Mal die Scheibe. Nein, das Wildern in Person muß er sich schon vergehen lassen.

Wentzel. Wenn man ihm nur einmal ein Stück Wild durch Jemand in's Haus schicken könnte, auf den man sich genau verlassen dürfte.

Keller. Nun dann kauft er's. Er braucht ja nicht zu wissen, wo es her ist.

Wentzel. Aber der Ueberbringer müßte ihm gestehen, daß er's gestohlen hat, und es zu einem Spottpreis ausbieten. Nimmt er das, so haben wir ihn, und das Andere bringen dann die Gerichte schon aus ihm heraus.

Keller. Donnerwetter, wenn wir jetzt — aber

laßt den Horcher erst fort sein. Heh, Franz, einen frischen Krug; ich hab' heute einen schmählichen Durst.

Franz. Wie immer, Herr Keller. (ab mit dem Krug in's Haus.)

Müller. Na was ist? — losgeschossen.

Keller (halblaut). Wenn wir jetzt einen zuverlässigen Mann da hätten. Ich hab' heute ein geltes Thier geschossen und zum Forsthaus schaffen lassen. Je rascher die Geschichte abgemacht wird, desto besser.

Wentzel. Und den Mann hab' ich. Der Schöffel wartet oben im Forsthause auf mich wegen der morgenden Jagd.

Keller (lacht). Das wäre der Rechte. Wollt Ihr Einen zum Andern schicken, daß sie nachher ihr Gespött über uns haben können?

Wentzel. Der nicht! Der bei Gott nicht! Außerdem hat er gerade mit dem Kerbelmann früher einmal einen Streit gehabt, der Teufel weiß um was, aber Keiner will reden. Der Hirschenwirth hat dem Schöffel (Franz kommt mit dem Bier, und der Förster schweigt so lange. Franz setzt das Bier auf den Tisch.)

Franz. Wohl bekomm's, Herr Keller! (ab.)

Keller. Nun?

Wentzel. Der Hirschenwirth hat dem Schöffel nachher schon wieder ein paar Mal Bier angeboten, aber er hat's nicht angenommen, und haßt den Kerbelmann gerade wie seinen Todfeind.

Keller. Oder thut wenigstens so. Nichts als Comödie, was die Beiden zusammen spielen, um uns Andere sicher zu machen. Ich glaub's nicht.

Wentzel. Aber wenn er nun den Kerbelmann erwischt und anzeigt, wollt Ihr mir dann gestehen, daß Ihr dem Schöffel Unrecht gethan habt?

Keller (hastig). Wenn er den Kerbelmann vor Gericht bringt? ja, Förster, von Herzen gern, und die Hand will ich ihm noch dazu geben, und es ihm abbitten — aber erst muß ich's sehen, eh' ich's glauben kann.

Zweite Scene.

Margareth mit einem Handkorb (von links).
Die Vorigen.

Müller. Hallo, Grethel, wohin?

Margareth. Ei grüß Gott, Vater; zu Steuereinnehmers. Riekchen feiert heute ihren Geburtstag, und ich hab' ihr fest versprechen müssen, ein Stündchen hinzukommen. Es ist Alles ordentlich besorgt im Haus.

Müller. Schon gut, mein Kind, schon gut. Kannst Deine kleine Wirthschaft wohl einmal eine kurze Zeit der alten Babett überlassen; wird nichts Besonderes indessen vorfallen.

Keller (der aufgestanden ist). Und die Jungfer trägt einen so schweren Korb? Wenn Sie's mir erlaubten, nähm' ich ihn gern mit hinauf zum Haus. Ich muß doch in die Gegend.

Margareth. Danke, Herr Keller; werd's schon allein fortbringen. Grüß' Gott, Vater.

Wentzel. Ach Grethel, könntest mir einen Gefallen thun, und einen Brief mit zum Steuereinnehmer hinauf nehmen. Das Amt hat ihn mir heute mit hereingeschickt. Na, wo hab' ich den Wisch jetzt hingesteckt. (sucht.)

Müller. Und wann soll er hinübergehn?

Wentzel. Je schneller, je besser. Der Hirschenwirth ist jetzt g'rab zu Haus, und wenn wir eben fortgegangen sind, weiß er, daß wir nicht gleich zurückkommen, und fühlt sich soviel sicherer. Ah, da ist der Brief. Nicht wahr, Grethel, Du bist so gut?

Margareth (aufmerksam werdend). Soll richtig abgegeben werden, Herr Förster; aber damit ich ihn nicht verliere, will ich ihn lieber unten in meinen Korb legen. (setzt den Korb ab und beschäftigt sich damit.)

Müller. Mir will die Sache noch nicht recht in den Kopf. Glaube kaum, daß er anbeißt.

Wentzel. So versuchen wir's wenigstens (steht auf). Laßt mich nur machen; ein paar Worte für den Rothkopf genügen, und in einer Stunde kann Alles abgethan sein. Ich werde ihn gleich auf die frische Fährte bringen. (ab nach links hinter's Wirthshaus.)

Keller. Mir ist's recht. Was auch geschehen soll, nur immer rasch drauf los; manchmal glückt's.

Müller (im Abgehen). Na adjes, Grethel. Meine Empfehlung an das Geburtstagskind. (ab rechts.)

Margareth. Soll besorgt werden, Vater.

Keller (der etwas zurückbleibt). Adjes, Jungfer. Na? krieg' ich keine Hand?

Margareth. Wir nehmen nicht Abschied für's Leben, Herr Keller. Bei der Abendsuppe sehn wir einander wieder. (wendet sich nach rechts.)

Keller. So? ich krieg' keine — das glaub' ich. Ja, wenn ich ein Anderer wäre, dann käm's freilich nicht drauf an.

Margareth (stehend bleibend). Ein Anderer?— und geht das Jemandem Etwas an, wenn ich für gut finde, Jemandem eine Hand zu geben oder nicht?

Keller. Na schon gut, Jungfer — werde auch ohne das die Nacht schlafen. (ab links.)

Margareth (ihm nachsehend). Was das für ein widerlicher, zudringlicher Mensch ist — aber was sie nur haben mögen mit dem Joseph? — Was Gut's gewiß nicht, denn wo Der da die Hand mit im Spiel hat, ist nie von 'was Gutem die Rede. Ach, ich wollt', der Mensch hätt' unser Haus im Leben nicht betreten. (will fort.)

Dritte Scene.

Kerbelmann (aus der Hausthür tretend). Margareth.

Kerbelmann. Margareth!

Margareth (bleibt stehen und schaut sich ängstlich und unschlüssig um). Grüß' Gott, Joseph! Ich will zu Steuereinnehmers hinauf.

Kerbelmann. Und hast Du nicht einmal einen freundlichen Blick für mich? (nimmt ihre Hand.)

Margareth. Hier nicht. Der Vater und Keller sind nur eben erst dort in die Straße eingebogen. Wenn sie mich bei Dir sähen, wär' das Unglück fertig.

Kerbelmann. Der Keller? Und was gehst Du den Laffen an?

Margareth. Er schleicht mir auf Schritt und Tritt nach, und hat schon beim Vater gedroht, daß er um mich anhalten wollte. Seine Eltern sind reich, und wer weiß, zu was er noch den Vater bereden möchte. Aber wenn er in Gold stäke, ich nähm' ihn nicht.

Kerbelmann. Hab' keine Angst, Grethel, ich lasse Dich nicht im Stich, und sie müssen Dich zuletzt mir doch geben, wenn sie auch nicht wollen.

Margareth. Nimm Dich vor den Jägern in

Acht; sie haben 'was mit Dir vor, und heckten da vorhin Eins zusammen aus.

Kerbelmann (aufmerksam). Hier? — was?

Margareth. Ja, ich konnt' es nicht deutlich verstehen, aber es war vom Rothkopf die Rede und vom Hirschenwirth, und der Keller stak auch mit drinnen.

Kerbelmann (lacht). Was wird's sein? die alte Geschichte; aber mach' Dir deshalb keine Sorgen, Grethel; sie können mir Nichts anhaben. Uebrigens dank' ich Dir schön für die Nachricht, seh' ich doch daran, daß Du mich lieb hast. — Aber die Geschichte mit dem Keller geht mir doch im Kopf herum.

Margareth (ängstlich). Von der ich Dir sagte?

Kerbelmann. O bewahre. — Nein; daß er um Dich anhalten wollte. Ich denke, ich komm' ihm zuvor, und thu's lieber selber.

Margareth. Der Vater sagt im Leben nicht ja.

Kerbelmann. Aber was können sie gegen mich einwenden, Grethel? Ich hab' mein ordentlich Auskommen, meine tüchtige Wirthschaft, bin keinem Menschen einen Groschen schuldig, und er soll mir

Einen aufsuchen und stellen, dem ich Unrecht gethan oder den ich übervortheilt hätte.

Margareth (gutmüthig). Mir brauchst Du das nicht zu sagen, Joseph, ich weiß es selber, und glaubt' es Dir außerdem jede Stunde auf Dein Wort und Dein ehrlich Gesicht, aber — Jäger sind wunderliche Leute. Wo es sich um Wildpret und Wild handelt, da hört bei ihnen die Freundschaft auf, und weil sie Dich eben in Verdacht haben, daß Du den Wilderern — die ihnen genug zu schaffen machen, das weiß Gott — das Wildpret heimlich abkauftest, darum sind sie Dir auch Alle Feind. — Der Vater ist aber so seelensgut, und wenn Du ihm nur wirklich beweisen könntest, daß Du Nichts mit dem schlechten Geschäft zu thun hättest, wär' er leicht gewonnen.

Kerbelmann. Aber wie in aller Welt kann ich ihm das beweisen?

Margareth. Ja, das ist freilich schwer, und ich kann Dir da auch keinen Rath geben. Aber vielleicht bringt ihn die Zeit, Joseph, und die wollen wir ruhig und geduldig abwarten.

Kerbelmann. Warten und immer nur warten, und eben die schöne herrliche Zeit jetzt, die wir so glücklich mit einander verleben könnten, müssen wir ungenutzt verstreichen lassen. Ohne Dich **kann ich** aber nicht leben, Grethel, und wenn Dich mir der Vater nicht gutwillig giebt, thu' ich einen verzweifelten Schritt.

Margareth. Hab' guten Muth, Joseph, vielleicht geht noch Alles recht. Du weißt ja, ich hab' Dich von Herzen lieb, und wo sich zwei Menschen recht innig gut sind, da muß ja der liebe Gott schon seine Freude daran haben, und ein Uebriges dazu thun. — Grüß' Gott, Joseph! (ab nach rechts.)

Vierte Scene.

Kerbelmann allein, dann **Schöffel** und **Franz**.

Kerbelmann (sieht ihr erst eine Weile nach und geht dann mit verschränkten Armen vor dem Hause auf und ab). Wenn ich **das Mädel** missen sollte, ich hielt's bei Gott nicht aus. Hat sie sich mir doch im Herzen eingenistet, daß ich sie auch nur **mit dem Herzen** je wieder herausreißen könnte. — Aber hallo, wer kommt da? — der Schöffel — zu mir? alle Wetter, was ist da im Wind? Grethel hat doch am Ende nicht so Unrecht gehabt? Schön Dank für die Warnung, mein Schatz. (tritt etwas bei Seite.)

Schöffel (von links; der sich, ohne den Wirth zu beachten, mürrisch vorn an den Tisch rechts setzt, und die Arme aufstemmt). He, Wirthschaft! Bier!

Franz (mit Bier aus dem Haus). Komme schon. (setzt den Krug vor ihn hin.)

Schöffel (thut einen langen Zug). Habt Ihr 'was zu essen?

Franz. Cotelettes, Beefsteaks, Kalbsbraten, Wildbraten, Enten, Sauerkohl, gebratene Kartoffeln, Salat.

Schöffel. Gieb mir eine Wurst und ein Stück Brod; aber ein Bischen rasch, denn ich habe einen Bärenhunger.

Franz (im Abgehen spöttisch). Soll ich Ihnen auch vielleicht die Weinkarte mitbringen?

Schöffel. Geh' zum Teufel! (Franz ab.)

Kerbelmann (zum Tisch tretend, auf den er beide Hände stützt, und den noch immer keine Notiz von ihm neh=

menden Kreifer betrachtet). Guten Tag, Schöffel. Wetter noch einmal, Mann, es ist lange Zeit, daß wir einander nicht gesehen haben. (Schöffel trinkt.) Wohl bekomm's!

Schöffel. Danke schön. Daß wir einander so lange nicht gesehen haben, war übrigens nicht meine Schuld. Ich mag mit keinem Menschen Streit, aber —

Kerbelmann. Na, laßt die alte Geschichte. Wir hatten damals vielleicht alle Beide Unrecht, und jetzt ist mir's doppelt lieb, daß Ihr wieder zu mir gekommen seid, noch dazu da mir Euere Leute gerade nicht besonders grün sind.

Schöffel. Meine Leute?

Kerbelmann. Nun, die Forstleute.

(Franz bringt das Essen für Schöffel, der sich darüber macht.)

Schöffel. Hol' sie der Teufel! Reut mich genug, daß ich mich mit ihnen eingelassen habe. Früher war ich ein unabhängiger Kerl und verdiente reichlich; jetzt muß ich mich für ein paar lumpige

Thaler wie ein Hund placken, und noch dazu jedes — Jungen gehorsamer Diener sein.

Kerbelmann. Hm. — Ihr scheint nicht besonders zufrieden. — (Schöffel schiebt den leeren Krug von sich, indem er sich vorsichtig umschaut.) Hier, Franz! mehr Bier!
(Franz holt den Krug und bringt ihn gefüllt zurück. Die Beiden schweigen indessen; Kerbelmann setzt sich auf den leeren Stuhl, Schöffel gegenüber, und betrachtet ihn aufmerksam.)

Schöffel (der indessen mit den Fingern auf dem Tische trommelt und zu erwarten scheint, daß Kerbelmann zuerst beginnen möge). Zufrieden — da mag der Henker zufrieden sein. Bei den theueren Zeiten soll einmal Einer mit dreißig Thalern auskommen, und Frau und Kinder dabei erhalten — und wenn man das Bischen Holz und Wohnung frei hat.

Kerbelmann. Dreißig Thaler sind freilich wenig auf's ganze Jahr, und große Sprünge kann man dabei nicht machen.

Schöffel. Das weiß Gott — wenn man sich daher einen kleinen Nebenverdienst — (schweigt.)

Kerbelmann (nach einer Pause). Hm, Schöffel, Euch drückt was. Ihr habt 'was auf dem Herzen. Heraus damit; mir dürft Ihr's anvertrauen, und kann ich Euch helfen, sollt Ihr nicht umsonst zu mir gekommen sein.

Schöffel. Und Ihr würdet einen armen Teufel nicht verrathen?

Kerbelmann. An wen? an meine Freunde, die Jäger? Ich bin zufrieden, wenn sie mich ungeschoren lassen.

Schöffel. Dann will ich Euch auch gestehen, was mich zu Euch hergeführt hat und — um ganz aufrichtig mit Euch zu sprechen. (Kerbelmann rückt seinen Stuhl näher zum Tisch.) (leise). Ihr kauft Wild?

Kerbelmann (lacht). Nun das konntet Ihr laut sagen; daraus mache ich eben kein Geheimniß, denn ich verkauf' es portionsweise an Alle wieder, die davon essen wollen.

Schöffel. Hm — ja — ich weiß, aber — wenn Ihr nun von der Försterei keines bekommen könnt und es nothwendig haben müßt? Ihr ver-

steht mich doch? — Aber zum Henker, was brauch'
ich auch so vorsichtig um den Brei herumzugehen;
nur Euere Hand müßt Ihr mir vorher geben,
daß Ihr mich nicht verrathen oder anzeigen wollt.

Kerbelmann (die Hand noch vorsichtig zurückhaltend).
Also ein Geheimniß?

Schöffel. Ja — ich — beweise Euch da=
durch wahrhaftig deutlich genug, daß ich Euch kei=
nen Groll mehr nachtrage.

Kerbelmann. Gut denn (einschlagend); nun
aber auch heraus mit der Sprache, denn ich fange
selber an neugierig zu werden.

Schöffel. Also heraus damit. Seht, Kerbel=
mann, ich bin ein armer Teufel, und kann von
meinem Gehalt nicht leben. Die Herren, die den
unteren Angestellten so knapp besolden, zwingen ihn
ja förmlich dazu, daß er sich nach — einem Extra=
einkommen umsieht, und da — hab' ich denn heut
Morgen, als ich mit der Flinte von drüben her=
überkam — aber Kerbelmann, Ihr dürft um Gottes=
willen gegen Niemanden auch nur einen Wink
davon fallen lassen —

Kerbelmann. Beruhigt Euch, Schöffel. Ich verrathe Euch so wenig wie Ihr mich —

Schöffel (leise). Da habe ich also heut' Morgen — ein Geltthier geschossen.

Kerbelmann. So? — das ist aber eine verfluchte Geschichte, und kann Euch den Dienst kosten, wenn's heraus kommt — ja vielleicht noch mehr.

Schöffel. Hm, ja — wenn's heraus käme. Ich werde aber nicht so dumm sein und es den Herren unter die Nase reiben. Das Wildpret hab' ich Euch jetzt gebracht, Kerbelmann, denn — ich weiß nicht recht, an wen ich mich sonst wenden könnte.

Kerbelmann (still vor sich hin lachend). Also des halb seid Ihr wieder zu mir gekommen, weil Ihr ein Stück Wild geschossen habt? —

Schöffel. Nicht so laut.

Kerbelmann. Ach was; hier hört uns Niemand. Und wo liegt es jetzt?

Schöffel. Gleich hinter Euerem Haus.

Kerbelmann. Alle Teufel! Ihr betreibt die

Sache öffentlich; und eben gingen die Förster da vorbei, und von der Försterei kann man bis auf meinen Thorweg sehen.

Schöffel. Haltet Ihr mich für so dumm und ungeschickt? Weil ich des Försters Büchse und zugleich die leeren Hafersäcke für das Deputat mit hereinzuschaffen hatte, die ich natürlich nicht auf dem Buckel schleppen konnte, nahm ich den kleinen Handwagen mit, und sonst — hätt' ich's ja auch gar nicht riskiren können, auf das Stück zu schießen. Es stand aber, wie ich den Berg herunter kam, so verlockend da, ich mußte draufbrennen. Unter den Säcken liegt es jetzt prächtig versteckt, und der kleine Wagen steht dicht hinter dem Klafterholz, daß ihn von drüben Niemand sehen kann. Wäre mir übrigens einer der Förster wirklich in den Weg gelaufen, nun dann war das Unglück noch immer nicht so groß; dann band ich ihm einfach auf, ich hätt' es unterwegs gefunden. Daß gewildert wird, wissen sie ja gut genug, und im Walde konnt' ich's doch nicht liegen lassen.

Kerbelmann. Und was soll's kosten?

Schöffel. Seht's nur erst an. Es ist ein Geltthier, feist wie Butter — gebt mir fünf Thaler dafür — Ihr verdient zugleich ein Gotteslohn damit, und — gefällt Euch das Geschäft, ei zum Henker, dann können wir vielleicht mehr derartige mit einander machen. Meiner Seel', es läuft genug solch Zeug im Wald herum, und ich sehe nicht ein, warum eine Familie hungern soll, nur damit sich die Bestien da draußen den Wanst voll süßen Grases äsen. S'ist keine Vernunft d'rin.

Kerbelmann Wenn's aber verrathen wird, bringt es uns Beide an's Messer, denn trauen, Schöffel, thun sie keinem von uns Beiden.

Schöffel. Und wer soll's verrathen? Den Schuß hat Niemand gehört, und ein billiger Stück als das bekommt Ihr im ganzen Leben nicht wieder.

Kerbelmann (nach einigem Zögern). Gut! — dann schafft's herein, in den Holzstall, gleich rechts vom Thorweg; das Geld hol' ich Euch indeß heraus; aber seht Euch vor, daß Euch draußen Niemand merkt.

Schöffel. Seid unbesorgt! Die müssen früh aufstehen, die den Schöffel erwischen wollen.

(Kerbelmann ab in's Haus.)

Schöffel (sieht ihm hämisch nach, bis er in das Haus verschwunden ist). So ist's recht, alter Fuchs, hast Du die Witterung endlich einmal angenommen? Nicht wahr, das schmeckte? Fünf Thaler für ein feist Geltthier, und das Versprechen fernerer Lieferung? Holzkopf Du, daß Du denkst, der Schöffel hätte Dir schon die Prügel und die Schande vergessen, die Du ihm angethan. Aber wart', mein Bursche, jetzt ist die Zeit gekommen, wo ich Dir's wett machen kann, und wenn ich Dich erst einmal hinter dem eisernen Gitter sehe, trink' ich mir einen Rausch an vor lauter Vergnügen. (ab nach links, hinter das Haus.)

Fünfte Scene.

Kerbelmann, zwei Gensdarmen (von rechts).

(Die Gensdarmen setzen sich an den gegenüberstehenden Tisch.)

Kerbelmann (mit einem Zettel in der Hand). So, das wäre gemacht. Ah, neue Gäste? He, Franz, zwei Glas Bier für die Herren. Prächtiger Tag heute.

(Franz mit Bier).

Erster Gensdarm. Ja, aber ein Bischen schwül. Ich glaube, es giebt Regen die Nacht. Der Herbst ist zu lange schön gewesen.

Kerbelmann. Kann wohl sein. Die Wolkenstreifen da drüben gefallen mir auch nicht. (winkt Franz bei Seite; leise) Da Franz; den Zettel trägst Du zum Förster hinauf. Spring', was Du springen kannst, verstanden? und komm' gleich zurück. Meine Empfehlung oben.

Franz. Soll keine fünf Minuten dauern. (links ab.)

Sechste Scene.

Schöffel, die Vorigen ohne Franz.

Schöffel (der jetzt aus dem Haus kommt, leise zu Kerbelmann, auf die beiden Gensdarmen zeigend). Wo kommen denn die zwei Spürhunde auf einmal her?

Kerbelmann. Haben Durst, wie wir Anderen auch. Davor schützt nicht einmal die Polizei. Alles besorgt?

Schöffel. Im Holzstall wär's. Gott sei Dank, daß es geglückt ist. Donnerwetter, fünf Thaler sind heut zu Tage nicht so leicht verdient.

Kerbelmann. Thut, als wenn Ihr mir die Zeche bezahltet, daß die Beiden Nichts von unseren Geldgeschäften merken.

Schöffel (laut). Was bin ich schuldig, Herr Wirth?

Kerbelmann (laut). Zwei Glas Bier, eine Wurst und ein Brod, macht zusammen vier Groschen.

Schöffel (als ob er ihm Geld giebt). So — das wird wohl richtig sein.

Kerbelmann (ihm zu gleicher Zeit die fünf Thaler gebend, leise). Hier — da ist Euer Lohn, und nehmt Euch in Acht, daß sie Euch nicht auf die Spur kommen.

Schöffel (still vor sich hin lachend). Ja wohl, Kerbelmann; nur keine Sorge. Verfluchte Schlauköpfe, die wir Beide sind. (lauter). Hallo, baar Geld lacht, und das hier ist ein hübscher Anfang; fünf blanke preußische Thaler. Juchhe! Ich bin so vergnügt, daß ich mit mir selber tanzen möchte. (Er stößt das Juchhe so laut als möglich aus, um dem schon hinter dem Gebüsch rechts lauernden Keller ein Zeichen damit zu geben.)

Siebente Scene.

Keller, die Vorigen.

Kerbelmann. Ihr werdet ein Bischen laut, mein guter Schöffel. Das starke Bier ist Euch doch nicht etwa in den Kopf gestiegen? Aber da kommt noch mehr Gesellschaft. Ei schönen guten Tag, Herr Keller; schon von Ihrem Pirschgang zurück?

Keller (höhnisch). Ich war dasmal auf dem Anstand, Kerbelmann, (dicht vor ihn tretend und ihm starr in's Gesicht sehend; Schöffel hat ihm verstohlen das Geld gezeigt). Hirschenwirth, wir haben schon lange gewußt, daß Ihr es heimlich mit dem Gesindel und den Wilderern haltet. (Die Gensdarmen stehen auf und kommen näher.)

Kerbelmann. Es ist mir lieb, Herr Forst=assistent, daß Sie mir das vor Zeugen sagen. Die Herren hier werden es mir vor Gericht bestätigen.

Keller. So ist's recht. Der Musje hat auch noch das große Maul, aber das soll ihm bald gelegt werden. Gensdarmen, verhaften Sie den Wirth. Er hat eben von einem königlichen Angestellten, von dem Kreiser Schöffel da, der sich für einen Wildbieb ihm zu erkennen gegeben, heimlich ein angeblich gestohlenes Stück Wild für fünf Thaler gekauft und in seinem Gehöft verstecken lassen. Schöffel wird Ihnen den Platz zeigen. Derselbe hat auch so eben das Geld von dem Diebshehler eingestrichen.

Kerbelmann (lächelnd). Ja, wenn die Sache so steht, mein verehrter und sehr schlauer Herr Forstassistent Keller, so werde ich Sie Ihrer Injurien wegen nicht verklagen. Sie haben es eben nicht besser gewußt, und was der Mensch in seiner Dummheit thut, dafür ist er nicht verantwortlich.

Keller (auffahrend). Wollt Ihr noch etwa läugnen, daß Ihr dem Schöffel das Stück Wild abgekauft?

(Franz kommt zurück von links.)

Kerbelmann. Läugnen? Fällt mir gar nicht ein. Ah, Franz, Alles besorgt?

Franz. Der Herr Förster ist dicht hinter mir. Der hat's eilig. Seinen Rock zog er sich noch auf der Straße an.

Kerbelmann. Vortrefflich — da bedaure ich freilich, daß sich die Herren Alle so umsonst bemüht haben. Kommt her, braver Schöffel; gebt mir die Hand. Es thut mir leid, daß ich Euch für einen Wilderer gehalten habe. Verfluchte Schlanköpfe, die wir Beide sind — hieß es nicht so?

Schöffel. Na, so eine Unverschämtheit ist mir doch noch gar nicht vorgekommen.

Keller. Euere Finten helfen Euch Nichts mehr, Kerbelmann; Ihr seid auf frischer That ertappt, vorwärts also, Gensdarmen. Lassen Sie sich das Corpus delicti nicht entgehen.

Kerbelmann. Sparen Sie Ihr Latein, mein guter Herr Keller, der Vorrath wird überhaupt nicht gar zu groß davon sein. Da kommt auch schon Ihr Herr Förster, der Ihnen die beste Auskunft geben kann.

Achte Scene.

Förster Müller (der schon bei den letzten Worten in großer Eile und verlegen auftritt).

Müller. Guten Tag, Herr Kerbelmann. Lieber Keller, unser Verdacht war vollkommen unbegründet. Ich hoffe, daß in der Sache noch keine weiteren Schritte gethan sind. Herr Kerbelmann hat mir hier durch den Zettel schon rechtzeitig die Anzeige von dem vermutheten Verbrechen Schöffel's gemacht. Es ist Alles in guter Ordnung. (zu den Gensdarmen) Sie können Ihren sonstigen Geschäften nachgehen.

Kerbelmann. Aber doch nicht, ehe sie noch ein Glas Bier getrunken haben. Die Herren werden jedenfalls durstig geworden sein.

Keller (der den Zettel genommen hat, liest). „Lieber Herr Förster, der Kreiser Schöffel hat heute Morgen auf Ihrem Revier ein Geltthier gewildert und mir zum Verkauf hergebracht. Ich habe es ihm abgenommen, und die Bezahlung soll so eben bei mir stattfinden, bitte Sie also, augenblicklich herunterzukommen und Ihre Maßregeln beliebig zu ergreifen. Hochachtungsvoll, Joseph Kerbelmann." (knittert wüthend das Papier zusammen und wirft es auf den Boden.)

Kerbelmann (zum Förster Müller). Ich sehe jetzt wie es steht, und kann mir auch etwa denken, wie Alles zusammenhängt. Ihnen, Herr Förster, rechne ich die Geschichte nicht an, ich weiß, Sie sind ein Ehrenmann.

Müller. Mein lieber Kerbelmann, ich gebe Ihnen mein Wort —

Kerbelmann. Keine Sylbe der Entschuldigung, mein bester Herr Förster; aber um den Herrn Keller thut's mir leid, daß der sich so schauerlich mit seinem Latein und seiner Schlauheit blamirt hat, und der Schöffel — sehen Sie nur, wie der Lump da steht. Er kann die Augen nicht aufschlagen, und schämt sich wie ein Pudel, der beim Stehlen erwischt ist.

Schöffel (boshaft). Daß Ihr noch nicht beim Stehlen erwischt seid, giebt Euch allein die Frechheit.

Kerbelmann (verächtlich). Kommt da zu mir her, heimtückisch wie ein richtiger Polizeispion, lamentirt und bohrt, und sucht durch allerlei List und Tücke einen ehrlichen Mann in's Unglück zu bringen. Pfui Teufel! (spuckt aus.) Guten Morgen, meine Herren! (ab in's Haus.)

Neunte Scene.
Die Vorigen ohne Kerbelmann.

Keller (der indessen mit verschränkten Armen und zusammengebissenen Zähnen wüthend auf- und abgegangen ist, vor dem Förster stehen bleibend). Und hab' ich's denn nicht gewußt? — hab' ich's denn nicht vorher gesagt, daß der Lump da mit dem Hirschenwirth unter einer Decke steckt und faules Spiel treibt?

Schöffel (in aufkochendem Zorn). Ich mit dem Kerbelmann unter einer Decke? Ei da muß doch gleich ein heiliges Kreuzdonnerwetter drin sitzen — und von so Einem wie Sie soll ich mir das sagen lassen.

Keller (heftig). Haltet Euer Maul, bis Ihr gefragt werdet.

Schöffel. Vor Ihnen noch lange nicht, Herr Keller; vor Ihnen noch lange nicht, daß Sie's nur wissen. Wenn eine Geschichte einmal fehlgeschlagen ist, da kann nachher jeder Gelbschnabel kommen und das kluge Maul aufreißen.

Keller. Wenn Ihr nicht augenblicklich mit Euren Schandreden aufhört, zerschlag' ich meinen Flintenkolben auf Eurem Schädel. Euch kennt man, und meinen Hals wollt' ich drauf verwetten, daß Ihr mit dem Wirth, dem Schuft, gemeinsame Sache habt. Ihr glaubt wohl, ich hätte nicht gesehen, wie er Euch verstohlen zublinzte?

Schöffel (in kaum zurückgehaltener Wuth auf Keller eingehend). Herr Keller!

Müller (dazwischen springend). Zurück, Schöffel! Keller, ich verbiete Ihnen, dergleichen Reden zu führen. (zu Schöffel) Und Ihr seid vernünftig. Nehmt ein unbedacht gesprochen Wort nicht zu schwer. Niemand wälzt die Schuld auf Euch, und Keiner von uns hat Euch in einem üblen Verdacht. (sich zum Abgehen wendend) Kommt mit mir, Schöffel!

Schöffel. Ich danke Ihnen, Herr Förster;

ich weiß aber auch, daß ich Ihre gute Meinung verdiene, denn ich **bin ein ehrlicher** Mann. Was aber den Herrn Keller betrifft, so sprechen wir uns noch, denn ich will verdammt sein, wenn er mir **das** umsonst gesagt haben soll.

(Links ab mit Förster Müller.)

Keller (allein). Und **ich** will nicht selig werden, wenn die beiden Schufte nicht doch mit einander durchstechen, und Kopf und Kragen setz' ich dran, sie zu erwischen. — Morgen ist Jagd im obern Revier — wer nun auch wildert, am Rothenstein denken sie, daß wir nicht hinkommen — dorthin pirsch' ich mich über Nacht, und Gnade Gott Jedem, der mir da draußen in die Fänge läuft. Die Schande, Kerbelmann, vergeß' ich Dir auf meinem Sterbebette nicht, und Rache will ich haben an Dir — an Dir und der — Margareth.

(rasch ab nach rechts. — Vorhang fällt.)

(Ende des ersten Actes.)

Zweiter Act.

Erste Scene.
Margareth, dann Kerbelmann.
(Vorige Decoration.)

Margareth (kommt von links, sieht sich erst vorsichtig überall um, und klopft dann an die Fensterscheibe oder Thür des Wirthshauses; mit halblauter Stimme). Joseph! — Joseph!

Kerbelmann (die Thür rasch öffnend). Grethel, bist Du's? das ist lieb und freundlich von Dir, daß Du mich aufsuchst. Hab' ich doch heute, wo ich wußte, daß die Forstleute im Wald sind, kaum die Zeit erwarten können, um Dich einen Augenblick zu sehen.

Margareth (schelmisch). Und ich auch nicht; deshalb bin ich hergekommen.

Kerbelmann. Oh Dank, tausend Dank, mein herziges Kind.

Margareth. Heut brauchen wir uns nicht zu fürchten, daß uns der Keller in die Quere kommt, heute und morgen nicht, denn morgen haben sie im obern Revier Jagd, und bleiben dort über Nacht.

Kerbelmann (aufmerksam). Bleiben dort über Nacht?

Margareth. Ja, in der Schenke, und karten da Abends und trinken Bier, um früh mit Tagesanbruch gleich wieder auf dem Revier zu sein. Hier, natürlich, halten sie's geheim, damit die Wilderer Nichts davon erfahren und die Zeit benutzen. — Doch davon wollt' ich mit Dir nicht reden, Joseph; deshalb bin ich nicht hergekommen, sondern um Dir eine recht gute, eine recht freudige Nachricht zu bringen.

Kerbelmann. Dein liebes Gesicht ist die beste, die Du mir bringen könntest, Herz.

Margareth. Und doch hab' ich noch bessere, Joseph. Der Vater ist Dir nicht mehr bös. Er

hat daheim gut von Dir gesprochen und gesagt, es
thäte ihm leid, daß man Dich für einen schlechten
Menschen gehalten und Dir Unrecht gethan hätte,
und er wollte, daß er Dir's wieder gut machen
könnte. — Er kann's.

Kerbelmann. Du liebes Herz.

Margareth. Ach, Joseph, wie wohl mir das
gethan hat, wie mir das die ganze Brust mit
Wonne und Seligkeit füllte, ich kann's Dir gar
nicht sagen. — Sieh, es war mir die ganze Zeit
ein so wehes, ein so furchtbar schmerzliches Gefühl,
daß ich daheim nur Böses, nur Schlechtes von Dir
hören mußte, und Dir im Herzen trotzdem doch
nicht böse sein konnte. Aber ich wußte ja auch
recht gut, daß Du brav und ehrlich seiest, und sie
Dich nur verleumden wollten, um mich Dir ab-
wendig zu machen. — Aber der Vater nicht, Joseph; der hat's bis dahin fest und wahrhaft geglaubt,
sonst hätt' er's im Leben nicht gesagt. Und jetzt
bin ich so froh, so seelensfroh, daß die Zeit hinter
mir liegt, und er Dir Gerechtigkeit widerfahren
läßt, daß ich Dir's gar nicht mit Worten sagen

und beschreiben kann. Jetzt fürcht' ich mich auch nicht mehr ein klein Bischen vor dem Herrn Keller.

Kerbelmann (lächelnd). Und hast Du Dich vor dem schon gefürchtet, Grethel?

Margareth. Ja, Joseph — wenn ich ehrlich sein soll, ja, und zwar recht von Herzen. Mir war bis jetzt in des Menschen Nähe immer so zu Muthe, als ob er noch einmal ein recht großes Unglück über uns hereinbringen müsse, und ich ging ihm aus dem Weg, wo ich nur immer konnte. Aber jetzt ist's vorbei — nicht so viel Angst habe ich mehr vor ihm, und wenn er morgen vor den Vater hinträte und sagte, er — möchte die Margareth zur Frau haben.

Kerbelmann. Und wenn ich das nun thäte, Schatz? Wenn ich nun vor Dich hinträte und Dich früge, ob Du den Joseph Kerbelmann ein ganz klein wenig lieb hättest, und zum Mann haben wolltest?

Margareth (sehr ehrbar und steif). Dann würde ich sagen: Nein, Herr Kerbelmann.

Kerbelmann. Margareth!

Margareth. Nein, Herr Kerbelmann, würde ich sagen, ich habe Sie nicht ein ganz klein wenig lieb, aber (herzlich und mit tiefem Gefühl) recht von Herzen und von ganzer Seele.

Kerbelmann (sie an sich ziehend). Mein Gretchen!

Margareth (sich loswindend). Pfui Joseph, mitten auf der Straße; wenn das nun Jemand gesehen hätte. Das schickt sich ja gar nicht — und das ganze Haar hast Du mir verdrückt. Was Du für ein wilder, unbedachter Mensch bist — — Aber ich muß fort! — Nur einen Moment wollte ich zu Dir herunterkommen, und Dir die gute Nachricht bringen, damit Du Dich mit mir darüber freuen könntest.

Kerbelmann. Mein braves, liebes Mädchen!

Margareth. Und jetzt bedarf's auch hoffentlich bald der Heimlichkeit nicht mehr. Wenn der Vater heute und morgen eine gute Jagd gemacht hat, ist er nachher lustig und guter Laune. Dann darfst Du kommen, Herr Kerbelmann, und fragen, ob Dich die Margareth ein ganz klein wenig lieb hätte, (rasch) aber nicht vorher, Joseph, ja nicht vorher, bis ich's Dir gesagt habe, jetzt ist die Zeit, denn der Vater, so seelensgut er ist, und so lieb er mich hat, kann auch recht kribbelich und verdrießlich sein, wenn ihm 'was in die Quer gekommen. Dann muß man ihm halt aus dem Weg gehen und ihn ruhig zufrieden lassen. In vierundzwanzig Stunden ist's verflogen, und er denkt gar nicht mehr daran.

Kerbelmann. Also so bald Du mich's wissen läßt, mein Herz, komm' ich hinüber. Gott gebe, daß er alle Hirsche und Rehe im ganzen Wald zusammenschießt, und ihn die Füchse fast über den Haufen laufen.

Margareth. Aber jetzt muß ich wahrhaftig fort. Jesus, Marie und Joseph, ich glaube, ich bin eine ganze Stunde bei dem bösen Menschen stehen geblieben — und wie die Zeit da fliegt.

Kerbelmann. Ja, wie die Zeit da fliegt — und wenn die Zeit nur erst da wäre, wo ich Dich ganz mein eigen nennen kann. So rasch sie fliegt, geht sie uns immer noch nicht schnell genug.

Margareth (ernst). Wenn sie Dir nachher nur nicht zu langsam geht.

Kerbelmann. Du böses Mädchen — laß mich's nur bald — recht bald wissen, wann ich kommen darf.

Margareth. Gewiß, gewiß. Wart' ich doch selber mit Schmerzen auf die Stunde. So grüß' Gott, Joseph — grüß' Gott. Du mein Himmel, da drüben sieht Jemand aus dem Fenster. Jetzt lauf' ich, was ich kann.

(rasch nach links ab.)

Zweite Scene.
Kerbelmann allein.

Kerbelmann (ihr nachsehend). Mein Grethel, mein liebes, süßes Grethel! —

Und wessen Schuld ist's, Kerbelmann, daß sie nicht schon lange Dein geworden? — wessen Schuld, daß die Jäger Dich in nur zu gegründetem Verdacht gehalten, und das Herz des Vaters Dir dadurch entfremdet, abgewandt wurde?

Wie voll vertrauend hängt dies reine, unschuldvolle Kind an mir; wie trübt kein Zweifel ihre treue Seele, und ich, ich kann's über's Herz bringen, sie zu täuschen, blos und allein einer einzigen tollen Leidenschaft wegen?

Ja, der Jagdteufel! — der Jagdteufel — So viel ich auch gegen ihn ankämpfe; wen er hat, den hält er fest in seinen Krallen, und es ist ordentlich, als wenn man im Leben nicht wieder davon loskommen könnte.

Und worin liegt denn eigentlich dieser unwiderstehliche Reiz des Wilderns? — In den paar Thalern Verdienst? — Mit Vergnügen würfe ich sie hin. — In der Gefahr etwa? — Das muß es sein, was Einem so wunderbar durch alle Nerven zuckt, und Jedem, was es sein mag, trotzen läßt. Und wenn der Schuß dann durch den stillen Wald schmettert, das scheue Wild emporfährt, noch eine fünfzig Schritt über Alles stürzt und bricht, was ihm im Weg liegt und dann verendend zu des Jägers Füßen liegt — das ist es — das ist es, und nur, wer's je gefühlt hat, kennt die Seligkeit. (Es dunkelt.)

Wenn's aber doch einmal herauskäm' — und der Kerbelmann — großer Gott, das hielt' die Margareth gar nicht aus, die Schande an mir zu erleben, und es bräch' ihr das Herz vor lauter Jammer.

Nein — das geht nicht länger! — könnt' ich denn dem Mädel zu Lieb das verdammte Wildern wirklich nicht lassen? — Ei da müßte ja doch der Joseph Kerbelmann gar kein Mann mehr sein! — — Ich will's lassen. Ich will mir selber die Hand darauf geben, und wenn ich dem Grethel dann auch nie erzählen darf, welches große Opfer ich ihr zu Lieb gebracht, so muß es doch auch ein ganz wackeres Gefühl sein, sich selber sagen zu können: Das hast Du gewollt und auch durchgeführt.

(will fort und bleibt noch einmal stehen)

Was das heute für ein wundervoller Abend ist; der Himmel klar, das Laub feucht. Das wär' ein Abend für meinen Wald — wenn ich mir nicht so ganz fest vorgenommen hätte, ihn nie mehr zu betreten. — Nie mehr zu betreten? nein; das habe ich mir eigentlich nicht vorgenommen. Abschied müßte ich doch wahrlich noch von ihm nehmen, denn dafür sind wir zu gute und treue Freunde gewesen — Abschied für ewige Zeiten. — Mondschein ist auch, und der Mond geht gegen Morgen unter, daß ich im Dunkeln nach Hollendeik zurückkomme. — Ich hätt' mir Alles nicht besser selber machen können, und sicherer war ich im ganzen Leben nie.

So soll's sein — Abschied von meinem Wald will ich nehmen zum letzten Mal, und thu' ich dann auch keinen Schuß, was schadet's. Nur noch einmal will ich mit der Büchse im Arm über die mondhellen Schläge pirschen, oder am Rand der Dickung auf dem Anstand liegen, und der geheimnißvollen Sprache des dunklen Forstes lauschen — dann sage ich ihnen auf immer Lebewohl, stecke meine alte treue Büchse morgen in den Ofen und — will mir selber beweisen, daß ich ein Mann bin und mein Wort halten kann. (ab in's Haus.)

Verwandlung.

Eine hübsche düstere Waldscene mit Mondschein. Die Bühne bleibt kurze Zeit leer.

Dritte Scene.

Keller (tritt langsam und vorsichtig auf und sieht sich forschend überall um).

Keller. S'ist Nichts — wieder Nichts. Gerade als ob der helle Teufel die Hand dabei im Spiele hätte, und Woche nach Woche kriech' ich jetzt bei Nacht und Nebel in dem verdammten Wald umher, immer an der falschen Stelle, ohne auch nur ein einziges Mal den Schuften in den Weg zu laufen — gerade als ob es verhext wäre. (Setzt sich vor einen der, in der Mitte, etwas mehr nach links stehenden Büsche auf einen Baumstumpf, die Flinte zwischen den Knieen.)

Vergnügtes Leben, das muß wahr sein, was so ein armer Forstgehülfe führt. In Wind und Regen draußen, in Wetter und Sturm, ohne mehr Heimath eigentlich, als sie eine wilde Sau oder ein Rehbock auch hat. Außerdem Aerger und Verdruß, Gift und Galle satt und übersatt — Nasen von oben und Schindereien von unten — ob ich's nicht satt habe, bis da oben her. (Pause.)

Und daheim nicht besser. Die Margareth, das hochnasige Ding behandelt Einen, als ob man auf

der Straße aufgelesen wäre, und heimlich hält der Affe g'rad zu dem Menschen, den ich auf der Welt am Aergsten hasse — S'ist rein zum Verzweifeln, und mit all' dem Zorn und Ingrimm im Herzen —
(es fällt hinter der Scene rechts ein Schuß.)
(Keller in die Höhe springend.)

Alle Teufel, dasmal war ich recht. Das konnte keine hundert Schritt von hier ab sein. Da prasselt auch was durch die Büsche, (horcht) er hat's getroffen! — Gott sei Dank, jetzt läuft er mir in das Rohr hinein, denn hier vorbei muß er, wenn er von dort ab nach dem Weg durch die Dickung will.

Ha! da drüben seh' ich eine Gestalt. Das Stück ist auf dem Schlag zusammengebrochen und er wird es da drüben erst ausweiden. Der ist mein, denn im schlimmsten Fall könnte ich ihm schon von hier ab eine Ladung Schrot auf den Leib schießen. — Jetzt kommt er. — Ruhig Blut, Keller, ruhig Blut. Himmelhund, wenn ich Dich nur erst beim Kragen hätte. (zieht sich vorsichtig in die vierte Coulisse links zurück.)

Vierte Scene.
Kerbelmann, dann Keller.

Kerbelmann von rechts (ein erlegtes Stück Wild auf der Schulter, das er vorn halb rechts auf der Bühne zu Boden gleiten läßt). So — vom offenen Schlag wär' ich fort, und hier, am Rand der Dickung kann ich jeder etwa drohenden Gefahr durch ein paar Schritt entgehen. (Setzt sich auf denselben Baumstumpf, auf dem Keller vorhin gesessen hat, nimmt sein Taschentuch aus der Tasche und trocknet sich die Stirn.)

Puh — bin ich doch den Hang heraufgehetzt, wie ich das Rudel da drüben im Mondschein vorüberziehen sah. Ein Glück, daß sich der Wind hier oben in den Schlägen stößt, sonst hätten sie Witterung von mir bekommen müssen.

Das wär' geglückt, aber — s'ist doch ein wunderliches Ding, daß ich heute gar keine rechte Freude über mein Jagdglück habe. Wie Blei liegt's mir in den Gliedern, und viel hätte nicht gefehlt, so ließ ich das Stück da ruhig laufen und schoß nicht einmal.

Wär' das am Ende gar Furcht? — ich glaub's wahrhaftig — aber sicher nicht meinetwegen — nur für mein Grethel hab' ich Furcht und jetzt, jetzt fühl' ich's nur um so viel stärker, daß ich ihrethalben das böse Handwerk aufgeben muß, für alle Zeit.

Der Mond steht schon ziemlich tief — bis ich hinunter in's Freie komme, ist er lange hinter den Bergen — ich will machen, daß ich fort komme — ich weiß nicht, es wird mir hier oben so merkwürdig schwül und eng um's Herz. (Lehnt seine Büchse an den Baumstumpf und tritt zu dem Stück Wild, zu dem er sich niederbückt und ihm die Läufe zusammenbindet.)

Na komm' her, Alte, bist lang genug im Wald allein herumgelaufen, kannst Dich nun auch einmal eine kurze Strecke tragen lassen, und Du und ich sehen diese Dickichte bei Mondenlicht nie wieder.

(Er hebt sich das Stück Wild auf die Schultern.)

Alle Hagel, das Ding hat ein schmähliches Gewicht; das werd' ich fühlen, bis ich hinunter komme. (Wendet sich mit dem Wild, um sein Gewehr aufzunehmen.)

Keller (springt mit der Flinte im Anschlag aus seinem Versteck vor, und zwischen ihn und das Gewehr). Halt! bei dem ersten Schritt, den Du weiter thust, schieß' ich Dich über den Haufen wie einen tollen Hund.

(Kerbelmann bleibt regungslos und erstarrt stehen. Er läßt seine Beute langsam zur Erde niedergleiten, und stiert den Forstgehülfen entsetzt an.) Kerbelmann! beim Teufel Kerbelmann!

Kerbelmann (gewaltsam gefaßt). Guten Morgen Herr Keller. Sie sind früh im Wald heute.

Keller. Etwas zu früh für Euch vielleicht, alter Freund. — Aber Ihr seid mein Gefangener. Bleibt da stehen, wo Ihr steht — der erste Schritt vorwärts und ich schieße Euch eine Ladung Nr. 2 in die Beine.

Kerbelmann. Fürchten Sie Nichts, Herr Keller. Ich habe gefehlt und muß nun die Folgen tragen. Würde mir auch verwünscht wenig helfen, wenn ich davon lief, denn mein Wirthshaus könnte ich doch nicht auf den Rücken nehmen, und erkannt haben Sie mich einmal.

Keller (immer noch mit dem Gewehr im Anschlag). Wenn Ihr das einseht, so macht auch keine weiteren Umstände. Schultert Euer Stück und kommt mit mir, daß ich Euch unten abliefern kann. Euer Gewehr werde ich selber nehmen.

Kerbelmann (sein Tuch nehmend und sich die Stirn wischend). Hm — ja — hab' mir's etwa so gedacht, wenn der Böse einmal sein Spiel hätte. Aber — vielleicht giebt's doch noch einen anderen Ausweg.

Keller. Für Euch nicht, Kerbelmann, für Euch bei Gott nicht!

Kerbelmann. Herr Keller, Sie sind ein vernünftiger Mann, und ich denke, man kann auch ein vernünftig Wort mit Ihnen reden.

Keller. Euer Reden wird Euch wenig nützen. Schultert Euer Stück und macht, daß wir damit in's Dorf hinunter kommen, denn es kann Euch wohl selber wenig daran liegen, dort bei Tag Eueren Einzug zu halten.

Kerbelmann. Wohl wahr, Herr Keller, wohl wahr — werde Sie aber auch nicht lange aufhalten, und was ich Ihnen zu sagen habe ist, denk' ich, des Anhörens werth.

Keller. So macht's kurz. Was ist es? Glaubt aber nicht, daß Ihr mich nur sicher machen wollt, um etwa in das Dickicht zu entspringen.

Kerbelmann. Fällt mir gar nicht ein, Herr

Keller; (setzt sich auf das abgeworfene Wild und knöpft sich fröstelnd seinen Rock zu.) will's so kurz wie irgend möglich machen. So hören Sie denn. In früheren Zeiten hatte mein Vater, dort wo wir wohnten, eine große Jagd gepachtet, und ich wurde von Jugend auf zum Schießen angehalten, auch bald ein sicherer Schütz.

Keller. Ihr habt auf unseren Scheibenschießen nie etwas getroffen.

Kerbelmann (ruhig). Sie wissen ja gar nicht, wohin ich gezielt habe, und man braucht die Leute eben nicht Alles wissen zu lassen, was man kann. Ich wurde also ein leidenschaftlicher Jäger, und als ich hierher übersiedelt war, versuchte ich umsonst von den Förstern die Erlaubniß zu erhalten, mit auf die Jagd zu gehen. Ich ward abgewiesen und abgewiesen.

Keller. Ich denke, wir hatten gute Ursach' dazu.

Kerbelmann. Vielleicht doch nicht. Hätt' ich manchmal draußen mit schießen dürfen, so würde ich wohl schwerlich an's Wildern gedacht haben.

So aber, da ich mich von meiner Passion gewaltsam ausgeschlossen sah, ließ mich der Jagdteufel nicht ruhen und rasten und ich —

Keller. Aber das Alles geht mich Nichts an.

Kerbelmann. Ich erzähle es Ihnen nur, um Ihnen zu beweisen, daß ich nicht des elenden Gewinns wegen, sondern nur aus unüberwindlicher Leidenschaft die gefährliche Liebhaberei getrieben habe. Ein Jäger weiß das auch am Besten zu schätzen, und ich glaube, es giebt wenig wirkliche Jäger in der Welt, die nicht wildern würden, wenn man ihnen auf einmal verbieten wollte eine Flinte zu führen.

Keller. Ob das Gesetz darin einen Unterschied macht, weiß ich nicht, aber Euerer Strafe werdet Ihr nicht entgehen.

Kerbelmann. Das will ich auch nicht, Herr Keller. Es ist mir nur nicht einerlei, wem ich sie bezahle, und ich glaube wir — wir Beide — könnten das mit einander abmachen.

Keller. Wir Beide? wie meint Ihr das?

(Der Mond geht nach und nach unter.)

Kerbelmann. Das will ich Ihnen gleich sagen. Daß mich die Geschichte, wenn sie vor die Gerichte kommt, in des Teufels Küche bringt, wissen Sie so gut wie ich. Daß sie aber nicht vor die Gerichte kommt, liegt noch in Ihrer Hand.

Keller. In meiner Hand?

Kerbelmann. In Ihrer Hand, Herr Keller. Wenn Sie das Thier hier an der Grenze geschossen haben wollen, so verspreche ich Ihnen erstens mit einem heiligen Eide, in meinem ganzen Leben kein Gewehr wieder anzurühren, und dann — zahle ich Ihnen unten in meinem Haus fünfhundert Preußische Thaler auf einem Bret aus.

Keller (höhnisch). Ihr seid heut Morgen verdammt splendid, Kerbelmann. Aber der Himmel fängt an sich zu umziehen, und wir bekommen am Ende gar noch Regen. — Möchte Euch zu lieb nicht noch einmal naß hier oben werden. — Also marsch!

Kerbelmann. Wenn ich nun mehr —

Keller (ihn unterbrechend). Spart Euer Geld, und wenn Ihr viel reicher daran wäret, wie ich an

Latein, und wenn Ihr mir tausend, ja zehntausend Thaler bötet, es hälfe Euch Nichts; ich nähme sie nicht für diesen einen Augenblick, Euch — Kerbelmann, gerade Euch — Euch erwischt zu haben. Ich nähme nicht das Doppelte für den Moment, wo ich Euch unten der Jungfer Margareth als ertappten und eingefangenen Wilderer vorführen kann.

Kerbelmann (aufstehend). O mein Gott!

Keller (immer heftiger.) Glaubt Ihr denn, daß ich, blos einer armseligen Belobung hochnasiger Vorgesetzten wegen, Nacht auf Nacht hier gelegen und gerade Euch erwartet habe, denn ich hatte Euch lange in Verdacht. Nein Euch — Euch wollte ich haben, eben der Margareth wegen, Euch wollt' ich ihr bringen, wie ich Euch jetzt hier halte, und ihr dann sagen, da „Mamsell, da haben Sie Ihren sauberen Schatz, da haben Sie den Herrn Joseph Kerbelmann, den Hirschenwirth, und nun umarmen Sie einander noch einmal, ehe ich ihn in's — Zucht haus liefere."

Kerbelmann (bei Seite). Das ist sein Tod.

Keller (höhnisch). Glaubst Du jetzt noch, mein Bursche, daß ich mich von Dir abkaufen ließe Deiner Margareth wegen? — — Und nun fort, denn meine Geduld ist zu Ende.

Kerbelmann (tief aufseufzend). Wenn Sie es denn nicht anders wollen, Herr Keller, so bin ich freilich verloren.

Keller. So packt Euer Stück auf! Genug der Reden.

Kerbelmann (sich zu dem Wild bückend). Das soll bald geschehen sein, Herr Keller; (sucht sich das Stück Wild in die Höh' zu heben, bringt es aber nicht auf die Schulter) ah — ah — Der Schrecken ist mir so in die Glieder geschlagen, daß ich alle meine Kräfte verloren habe. Sonst hätt' ich zwei solche Dinger auf einmal aufgenommen. — Es geht nicht, Herr Keller; es geht wahrhaftig nicht. Ich weiß nicht, woher es kommt, aber die Kniee zittern mir so merkwürdig. Lassen Sie es lieber hier liegen und später von irgend Jemand abholen.

Keller. Daß Ihr an der nächsten Dickung in die Kiefern führet, und mir nachher die ganze

Geschichte in die Zähne hinein läugnetet, nicht wahr? Nein, Kamerad, daraus wird Nichts. Versucht es nur noch einmal; es wird schon gehen; es muß gehen, denn ich habe vorhin gesehen, daß Ihr mit dem nämlichen Stück ankamt, als ob Ihr Nichts auf den Schultern hättet.

Kerbelmann. Nun denn, wenn es sein muß — ich kann mir nicht helfen und bin in Ihrer Macht. (Nimmt das Stück Wild noch einmal auf, und bringt es sich ruckweise auf den halben Rücken, aber noch nicht ganz auf die Schultern. Er wendet Keller, der fortwährend mit der Flinte im Anschlag steht, dabei den Rücken.)

Keller (der ihm eine Weile zusieht). Wartet! bleibt stehen, wie Ihr steht; ich werde von unten nachschieben. (Er nimmt seine Flinte, den Finger aber stets am Drücker, in die rechte Hand, und hebt mit der Linken unter das Stück Wild, hält sich aber dabei stets im Rücken Kerbelmann's. Kerbelmann thut, als ob er sich aus allen Kräften abmühe.)

Kerbelmann. Jetzt kommt es, Herr Keller — nur noch ein klein wenig mehr auf der rechten Seite, daß ich die Läufe über die Schulter herüberziehe — nachher heb' ich es schon allein hinauf — so — so

(Wie sich Keller etwas mehr bückt, um noch besser nachschieben zu können, läßt Kerbelmann plötzlich seine Last fallen, unterläuft und packt den Forstmann, und stößt ihm sein Messer mehrmals in die Brust.)

Keller (der sich loszuwinden sucht). Bestie! Hülfe — Hül — fe! (sinkt zu Boden.)

Kerbelmann (Keller's Flinte aufgreifend und von ihm zurücktretend). Wenn ich denn doch einmal in's Zuchthaus muß, bringst Du mich wenigstens nicht hinein. Gott verzeih' mir die Sünde, aber — Du hast es nicht besser haben wollen — ich hab' Alles versucht, es zu vermeiden — — Und was nun? (starrt entsetzt das Messer an.)

Mörder! — Mörder! — Dahin hast Du es gebracht, Kerbelmann · Mörder!

(Wieder emporfahrend.)

Aber fort! — fort! kein Zeuge hat mich hier im Wald gesehen; kein Verdacht der That liegt auf mir, wenn ich mein Haus nur noch vor Tag erreichen kann; (erschreckt) und an ihrem Fenster muß ich vorbei — Margareth! Margareth! o erbarmender Himmel! (Er birgt erschüttert das Antlitz in den Händen. Nach einer kleinen Pause wild emporfahrend)

Aber nein — nein! Und wenn ich die Hölle im Herzen tragen müßte, die Welt soll's nie erfahren, nie wissen, und die freie trotzige Stirn will ich ihnen bieten bis zum letzten Augenblick — fort!
(greift sein Gewehr auf; stürzt ab.)

Vorhang fällt. — Ende des zweiten Actes.

Dritter Act.

Erste Scene.

Zimmer im Forsthaus. Eine Mittelthür und zwei Seitenthüren, links ein Fenster.

Margareth allein, dann Förster Müller.

Magareth (sitzt am Tisch, den Kopf in die Hand gestützt, irgend eine weibliche Arbeit auf dem Schooß; in tiefem Nachdenken). Es ist doch ganz sonderbar, daß ich den gestrigen Morgen gar nicht aus dem Kopf bringen kann. Ich dacht' ich müßt's die Nacht verschlafen, aber Gott bewahre; geträumt hab' ich sogar davon, und bin mit einem Schrei in die Höh' gefahren und wach geworden.

Nicht einmal erzählen darf ich's Einem, denn sie lachen mich aus — und ich möcht' gern selber darüber lachen — wenn ich nur könnt'.

Wie der Joseph sah er aus — genau wie der

Joseph. — Es war freilich noch dunkel, als ich dort am Fenster stand, und ich konnt's nicht genau unterscheiden, aber ich hätt' in dem Augenblick darauf schwören mögen, daß er's wär'.

Und wenn er's gewesen wäre, was um des Himmels Willen könnt' er so früh auf gewollt haben — mich sprechen? — Da müßte irgend etwas Schlimmes passirt sein — was recht Schlimmes — aber dann wär' er doch wenigstens gestern einmal wieder in die Näh' gekommen und hätt' mir ein Zeichen gegeben — aber mit keinem Schritt hat er sich sehen lassen. — — — Er kann's nicht gewesen sein, und dann hielt er sich ja auch gar nicht auf. Wenn er mich sprechen mußte, wußte er doch recht gut, daß er nur ein Steinchen an's Fenster zu werfen und dann neben dem wilden Rosenstock im Garten zu warten brauchte — aber wie ein Gedanken war er fort, und da hinüber — g'rad' auf sein Haus zu.

Und was bin ich eigentlich für ein dummes Ding. Wenn ich ihn wiedersehe, frag' ich ihn einfach, und ist er's gewesen, sagt er ja, und erzählt mir, weshalb er herüber gekommen ist, und was er in unserem Garten gewollt hat. Und ist er's nicht gewesen — nun kann brauch' ich mir doch auch wahrhaftig nicht den Kopf darüber zu zerbrechen und Sorgen zu machen. — Daß ich's nur nicht aus den Gedanken bringen kann. (nimmt ihre Arbeit wieder auf.)

Zweite Scene.

Margareth, Müller.

Müller (kommt rasch durch die Mittelthür). Das weiß der liebe Gott, wo der Mensch steckt. Er kommt nicht, und ich habe schon den ganzen Wald nach ihm absuchen lassen.

Margareth. Welcher Mensch, Vater?

Müller. Der Keller. Wenn ihm nur kein Unglück paſſirt ist.

Margareth. Aber was soll ihm im Wald für ein Unglück paſſiren. Er ist ja doch darin aufgewachsen. (nach einer Pause) Wie war denn die Jagd, Vater?

Müller. Nicht einen Schuß gethan, die ganzen zwei Tage. (geht wieder eine Weile schweigend und aus einer kurzen Pfeife rauchend im Zimmer auf und ab.)

Margareth (wieder nach einer Pause). Vater — mir ist seit gestern so — ich weiß nicht — so beklommen, so wunderlich zu Muthe. Ich kann gar keinen Athem holen, und es ist mir alleweil, als ob ich weinen müßte, und weiß doch selber nicht weshalb. (Förster antwortet nicht und geht auf und ab.) Wenn ich nur nicht gar am Ende krank werde.

Müller. Unsinn! Wovon denn? Hat Dir doch noch in Deinem ganzen Leben kein Finger wehgethan.

Margareth. Und doch ist mir der Kopf so wüst — so leer.

Müller. Ach laß mich mit Deinen Quängeleien zufrieden. Trink' eine Tasse Camillenthee und geh' früh zu Bett. (es klopft) Herein!

Dritte Scene.
Schöffel. Die Vorigen.
(Schöffel ist an der Stirn blutig und hinkt.)

Schöffel (aus der Mittelthür). Schönen guten Tag, Herr Förster.

Müller. Guten Tag, Schöffel — was soll's? — Wo, zum Teufel, habt Ihr denn die ganze Zeit gesteckt, daß Ihr gestern nicht mit auf der Jagd wart? Der Wentzel hat Euch alle Wetter auf den Leib geflucht — und wie seht Ihr denn aus? — was habt Ihr denn an der Stirn gemacht?

Schöffel (etwas verlegen). Ach, Herr Förster, vorgestern Abend, eh' ich nach Hause ging, und aus Aerger über des Herrn Keller grobe Reden, hatte ich mir beim Sternenwirth drüben einen kleinen Rausch gekauft, und wie ich nachher über den Wald heim wollte — denn so schlimm war's nicht, nur ein klein Bißchen schwer war mir der Kopf geworden — da stolperte ich — gleich wo der schmale Steg über die Weißbach oben führt, fiel von dem Absatz 'nunter, schlug mir den Kopf ein Bißchen auf, und verstauchte mir dazu den rechten Fuß. Kaum daß ich noch bis an's Weißbacher Pirschhaus kommen konnte, und dort mußte ich auch die Nacht liegen bleiben und konnte erst spät gestern nach Hause hinken. Weh thut er immer noch, aber es geht doch jetzt schon wieder besser.

Müller. Und was wollt Ihr?

Schöffel. Der Herr Förster Wentzel läßt

Ihnen eine schöne Empfehlung sagen, und der Hirsch, den der Herr Commerzienrath angeschossen hätte, wäre gleich bei der Spitze der Dickung, wo's vom Saukopf nach dem Buchenschlag hinübergeht, auf Ihr Revier gewechselt, und stäke jedenfalls in Ihrer Kieferndickung.

Müller (ärgerlich). Das kommt davon, wenn man sich ewig solch verdammtes Stadtzeug zur Jagd einlädt, das auf Alles schießt, was Haare hat. Da kann Einen nachher die Jagd freuen.

Schöffel. Und was befehlen der Herr Förster.

Müller. Ja, es bleibt Nichts übrig; wir müssen schon nachsuchen. — Aber der Keller ist noch gar nicht nach Hause gekommen, und ich habe die Kreiser und ein paar von den Treibern schon zum zweiten Mal in den Wald geschickt, nach ihm zu suchen. (ihn scharf fixirend) Habt Ihr Nichts von ihm gesehen?

Schöffel (ruhig). Ich? — nein, Herr Förster und — bin auch nicht böse darüber. Seit wir an dem Tag so freundlich von einander Abschied nahmen, ist mir der Herr Keller nicht wieder zu Gesicht gekommen.

Müller. Ihr habt aber nachher noch gegen meinen Kreiser, den Schneider, die schrecklichsten Schimpfreden und Drohungen wider ihn ausgestoßen und gesagt, Ihr wünschtet nur, Ihr begegnetet ihm einmal allein im Wald, da wolltet Ihr ihm die Geschichte schon wett machen. Da habt Ihr Unrecht gehabt, und ein ganz gefährlich Ding gethan. Der Keller könnte Euch darauf verklagen, und auf vier oder sechs Wochen in's Loch bringen, wenn er wollte. Ich warne Euch, Schöffel!

Schöffel. Herr Förster —

Müller. Schon gut, Schöffel. Ich hoffe, die Sache ist damit abgemacht. Jetzt geht hinunter in die Küche und laßt Euch 'was zu essen geben.

Schöffel (noch im Begriff Etwas zu sagen, bezwingt sich). Sehr wohl, Herr Förster. (durch die Mittelthür ab.)

Vierte Scene.

Müller, Margareth, dann der Kreiser Schneider.

Müller (wieder auf= und abgehend). Wenn nur der Keller erst wieder da wäre. Ich weiß gar nicht, was ich davon denken soll.

Margareth. Ich wollt's auch, Vater. Es ist ein ganz eigen Ding, wenn Einem ein Mensch fehlt, und man nicht weiß, wo er geblieben ist. (aus dem Fenster sehend) Aber kommt da nicht Schneider den Weg herunter? Seht nur, wie der Mann läuft.

Müller (das Fenster aufreißend). Heh, Schneider! habt Ihr ihn gefunden? — Ja? Gott sei Dank. Wo hat der Mensch die ganze Zeit gesteckt? — Was? — sie bringen ihn?

Margareth. Heiliger Gott, da ist am Ende doch ein Unglück geschehen.

Müller. Kommt herauf, Schneider! — Geh' in Dein Zimmer, Margareth; das ist — das ist Nichts für Dich zu hören.

Margareth (erschüttert). Laß mich da, Vater.

Hören muß ich's ja doch einmal, und ich erfahre lieber gleich die Wahrheit und weiß das Schlimmste, ehe ich mich nur so viel Stunden länger abquäle und sorge.

Schneider (durch die Mittelthür, erschöpft und bleich). Wir haben ihn gefunden, Herr Förster.

Müller (leise und scheu). Den Keller?

Schneider. Ja —

Müller. Verwundet?

Schneider. Todt — ermordet!

Margareth (das Gesicht in den Händen bergend). Ermordet!

(Pause.)

Müller (leise). Und wie war's, Schneider?

Schneider. Ein Wilderer, den er erwischt hat, muß ihn erstochen haben, denn ein Altthier lag daneben, auf's Blatt geschossen, aber kein Gewehr weiter; wenigstens haben wir bis jetzt keins finden können. —

Müller. Und keine Spur? kein Zeichen, wer es gewesen sein könnte?

Schneider. Keine — nur vorgestern — und

um die Zeit herum oder gestern Nacht muß der Mord verübt sein — will der Hansjörgen die frische Fährte von einem Mannsschuh gefunden haben; ganz in der Nähe von dort, wo der Mord geschehen. Er achtete aber damals nicht darauf, und nachher hat's so viel geregnet, daß man gar Nichts weiter erkennen konnte.

Müller. Und wo war das?

Schneider. Gleich ober dem Steg, der über die Weißbach führt.

Müller (rasch). Den Weg ist vorgestern Nachts der Schöffel gegangen.

Schneider (ernst). Dann hat der Schöffel auch seine Drohung wahr gemacht; und Gott verzeih' ihm die Sünde.

Margareth (in peinlicher Aufregung). Der Schöffel? — meint Ihr gewiß?

Müller (freundlich). Geh' nein, Grethel — geh' 'nein, Kind. Das ist Nichts für Dich mehr. Du weißt jetzt das Schlimmste; laß uns das Andere allein abmachen. Großer Gott, daß mir das in meinem Dienst passiren mußte. — Der arme Keller

— solch ein guter Jäger, wenn er auch sonst ein Bißchen roh und rücksichtslos war, aber das hat er doch nicht verdient.

Schneider (aus dem Fenster sehend). Da bringen sie die Leiche.

Müller. Geh 'nein, Grethel; thu' mir's zu Lieb'. Ich habe mit den Leuten jetzt zu reden.

Margareth. Ich geh' schon Vater, wenn mich die Angst da drinnen auch umbringen wird.

(ab durch die Thüre rechts.)

Fünfte Scene.

Müller, Schneider, dann Schöffel.

Müller (wieder im Zimmer auf= und abgehend). Wenn der Keller doch recht gehabt hätte. Wenn der Schöffel — — — — Geht, Schneider; schickt mir den Schöffel einmal herauf; er ist unten in der Küche. Ich will's gleich aus ihm herauskriegen — — Und die Leute sollen an der Thür bleiben, denn fort dürfen wir ihn nicht wieder lassen, bis ihn nicht die Gerichte vorher in's Verhör genommen haben — Einer von den Burschen soll auch gleich die Gensdarmen holen — und einen Boten schickt mir nach Grafenhoff hinüber, ich ließe den Herrn Actuar bitten, hierher zu kommen und einen Gerichtsarzt mitzubringen. — Ich kann jetzt nicht schreiben; ich bin's nicht im Stande. — Und nach dem Kerbelmann schickt mir auch hinüber; ich ließ ihn ersuchen einen Augenblick heraufzukommen. Wenn er was gegen den Schöffel weiß, muß er's jetzt, wo so ein Fall vorliegt, aussagen. (Schneider wendet sich zum Gehen.)

Halt, Schneider — großer Gott, ich weiß gar nicht mehr, wo mir der eigene Kopf steht — na geht nur, und schickt mir die bestellten Leute her — Herr Du mein Vater, daß mir das passiren mußte.

(Schneider ab durch die Mittelthür.)

Das kann den Schöffel an den Galgen bringen — und wer ist d'ran schuld? — wer anders wie die verdammten Federfuchser. Zehnmal hab' ich's ihnen gesagt und geschrieben. Eingaben hab' ich gemacht, daß mir die Finger krumm geworden, sie sollten mir einen Forstschutz in den Wald legen, weil ich mit den paar Leuten das große Revier nicht

begehen könnte, und das Wildererpack immer über=
müthiger würde. Gott bewahre! da soll immer
gespart werden, und gespart, wo's im Großen bei Tau=
senden aus dem Fenster geworfen wird, und nachher
tragen sie Einem so das blutige Elend in's Haus herein.

(Schneider kommt mit dem Schöffel zurück.)

Schneider. Hier ist der Schöffel, Herr Förster.

Müller. Schöffel, um Gotteswillen, was
habt Ihr gemacht, Mann? ist Euch denn der böse
Feind ganz und gar in's Herz gefahren, daß Ihr
Euerem Zorn und Haß auf solch entsetzliche Weise
Luft machen mußtet?

Schöffel (erschreckt und scheu. Schneider bleibt im
Hintergrund). Aber Herr Förster, Sie glauben doch
um der Wunden Christi willen nicht, daß ich der
Mörder bin? Ich habe den Keller mein Lebstag
nicht leiden können, das ist wahr, aber einen Men=
schen umbringen, weil er Einem ein böses Wort
gesagt — ein Mörder deshalb werden, das wäre
ja schrecklich. Das — das kann mir doch Niemand
zutrauen.

Müller. Da haben wir's. Jetzt läugnet der

Stein und Bein; und seid Ihr nicht vorgestern Abends spät über den Steg an der Weißbach gegangen?

Schöffel. Ja, Herr Förster. Ich hab' Ihnen das schon vorher erzählt.

Müller. Und habt Ihr nicht geschossen? — auf kein Stück Wild? (es dämmert).

Schöffel. Nein, Herr Förster. Das Gewehr ist mir freilich losgegangen, wie ich vom Steg hinunter fiel, aber geschossen hab' ich auf Nichts; hatte auch keine Erlaubniß dazu, und habe auch Nichts gesehen, auf das ich hätt' schießen können.

Müller. Und dem Keller seid Ihr nicht begegnet.

Schöffel. Nein, Herr Förster; ich bin auf unserer Grenze geblieben, und da wär' der Herr Keller schon gar nicht b'rauf gekommen, außer er hätte selber gewildert.

Müller. Na ja, nun dreht das Ding auch noch lieber gar herum. — Aber ich bin kein Gerichtsmensch. Wenn mir Einer nicht ehrlich sagen will, was er weiß, so kann ich's nicht aus ihm herauspressen. Geht, Schöffel; laßt Euch auf's Amt führen! ich will mit Euch jetzt weiter Nichts zu thun haben. (es dämmert stärker.)

Schöffel. Aber Herr Förster —

Müller. Geht, Schöffel; thut mir den Gefallen und geht. Ich hab Euch gefragt, ob Ihr's gethan habt, und Ihr habt nein gesagt; weiter haben wir Beide Nichts mit einander zu schaffen, als daß ich aus voller Seele hoffe, Ihr habt die Wahrheit gesprochen. Geht!

Schöffel (im Abgehen). Gut, ich gehe, Herr Förster, aber Gott verzeihe Ihnen den schrecklichen Verdacht. (ab.)

Müller. Und Ihr, Schneider, schickt mir Licht herauf. Es wird dunkel und ich muß Helle um mich haben. S'ist mir dunkel genug im Herzen und im Kopf.

Schneider (im Abgehen). Da ist auch der Kerbelmann, Herr Förster.

Müller. Laßt ihn hereinkommen — aber ich weiß schon im Voraus, kein Mensch wird mir Auskunft geben, und der Einzige, der reden würde, wenn er könnte, liegt da unten kalt und blutig in der Kammer. Mich überläuft's wie Fieberfrost, wenn ich nur daran denke. (Schneider ab.)

Sechste Scene.

Kerbelmann, Müller, dann Schneider (der zwei Messingleuchter mit brennenden Lichtern auf den Tisch stellt, und wieder hinausgeht).

Kerbelmann (ruhig). Sie haben gewünscht mich zu sprechen, Herr Förster?

Müller. Ach, Kerbelmann! es ist mir sehr lieb, daß Sie da sind. Sie können mir einen vernünftigen Rath geben, denn ich selber weiß bei Gott nicht mehr, wo mir der Kopf steht. Sie haben von dem schrecklichen Unglück gehört?

Kerbelmann. Eben im Haus unten. Der arme Keller hat ein schlimmes Ende gefunden.

Müller. Und Sie haben keinen Verdacht, wer der Thäter sein könnte? — gar keinen Verdacht?

Kerbelmann. Das wär' ein gefährliches Ding, wenn man den aussprechen wollte. An solch einem

Wort hängt vielleicht ein Menschenleben, und wer Nichts damit zu thun hat, soll sich ja nicht in solche Sachen mischen.

Müller. Da haben Sie ganz recht, und ich wollte nur zu Gott, ich hätte auch Nichts damit zu thun.

Kerbelmann. Und weshalb hatten Sie mich zu sprechen gewünscht, Herr Förster?

Müller (zutraulich). Ja sehen Sie einmal, mein lieber Kerbelmann, wir — sind hier unter uns — (Schneider kommt mit den Lichtern) setzt sie nur dahin, Schneider und — Ihr könnt nach Haus gehen; die Gensdarmen sind doch da?

Schneider. Ja wohl, Herr Förster. Sie sitzen unten beim Schöffel, bis die Beamten kommen.

Müller. Gut; was dann noch zu machen ist, besorgen schon die Gerichte. (Schneider ab.)

Müller (als der Kreiser die Thür hinter sich zugemacht hat). Also sehen Sie, Kerbelmann, wir sind hier ganz unter uns, und was Sie hier sagen, ist nicht wie vor Gericht gesprochen, sondern nur einzig und allein zu meiner eigenen Beruhigung. Wollen Sie mir eine Frage aufrichtig beantworten?

Kerbelmann (der sich Mühe giebt, seine Fassung zu bewahren). Ich verstehe Sie nicht, Herr Förster.

Müller (gutmüthig). Sie brauchen nicht verlegen zu werden, Kerbelmann. Wenn Sie mir's auch eingestehen, es soll Ihnen selber nie einen Nachtheil bringen, Hand und Wort darauf — ich — möchte es nur wissen um — dem Menschen da unten kein Unrecht zu thun.

Kerbelmann (vollkommen ruhig). Und was soll ich Ihnen eingestehen? Habe ich irgend etwas verbrochen?

Müller. Verbrochen? — Unsinn. Ein Verbrechen wär's g'rad' nicht, aber — ich wollte nur bestimmt wissen, ob die Leute recht hatten, und ob Sie dem Schöffel wirklich schon einmal ge — nun geschossenes Wildpret abgekauft haben. — Es ist vorbei jetzt, Kerbelmann; Sie werden's nicht wieder thun, aber nur zur Beruhigung möcht' ich's wissen. Nur für mich selber, damit man nur erst einmal herausbekäme, ob der Schöffel wirklich ein Wilderer war, oder nicht.

Kerbelmann. Mein lieber Herr Förster, ich — müßte wirklich lügen, wenn ich dem Schöffel etwas Böses nachsagen wollte — Böses wenigstens, was ich ihm beweisen könnte, und was vor Gericht strafbar wäre. Die Leute reden eben viel, und wo sie einem Mitmenschen den ehrlichen Namen abschneiden können, da thun sie's nur zu gern.

Müller. Also Sie glauben nicht, daß der Schöffel die That begangen hat?

Kerbelmann. Wenn Sie mich so direkt fragen, Herr Förster, so muß ich Ihnen eben so einfach sagen Nein. Ich mag überhaupt keinem Menschen etwas Derartiges zutrauen.

Siebente Scene.
Die Vorigen, dann Margareth.
(Margareth ist bei den letzten Worten in der Thür erschienen.)

Müller. Das ist recht hübsch und ehrenwerth von Ihnen, und mir, des Schöffels wegen, lieb zu hören. Ich selber habe ihn auch eigentlich nie für einen Wilderer gehalten, aber lieber Gott, wer kann den Menschen in's Herz sehen! Es geht manch Einer zwischen uns herum, den wir für einen ehrlichen Menschen halten, während er vielleicht ein Verbrecher ist. Das sieht dann nur Gott, und der straft wohl auch manchmal, ohne daß wir anderen Menschen weiter Etwas davon erfahren.

Margareth (vortretend.) Guten Abend, Herr Kerbelmann.

Kerbelmann. Guten Abend, Jungfer Margareth. — Das sind traurige Zeiten.

Margareth. Recht traurige. Wie ist's, Vater? liegt auf dem Schöffel wirklich gegründeter Verdacht der That?

Müller. Ich weiß nicht, was ich von dem Allem denken soll. Der Kerbelmann hat mich wieder confus gemacht. Aber die Gerichte werden das schon herausbekommen, denn wenn die nur erst einmal ein Häkchen haben, an dem sie anfassen können, nachher reißen und zerren und bohren sie so lange, bis sie das Ganze heraus haben. (Zu dem Fenster tretend.) Herr Gott, was das wieder für ein

Wetter ist; das stürmt und gießt, als ob es den Himmel auf die Erde herunter schütten wollte.

(Macht das Fenster auf und sieht hinaus.)

Margareth (rasch und verstohlen zu Kerbelmann tretend). Ich muß Dich nachher sprechen, Joseph.

Kerbelmann. Aber wo? im Garten bei dem Wetter?

Margareth. Hier oben. Komm nachher an die kleine Treppe und gieb das Zeichen. Wenn ich das Fenster öffne, ist Alles sicher. Du kommst?

Kerbelmann. Gewiß — (wieder laut) Sonst kann ich Ihnen mit Nichts dienen, Herr Förster?

Müller (schließt das Fenster und dreht sich wieder um). Nein; ich danke Ihnen, Kerbelmann.

Kerbelmann. Gute Nacht denn, Herr Förster. Gute Nacht, Jungfer Margareth, und nehmen Sie sich die Sache nicht zu sehr zu Herzen. Geschehene Dinge sind ja doch nun einmal nicht zu ändern.

Müller. Gute Nacht, Kerbelmann. Oder warten Sie; ich gehe gleich mit. — Na, schlaf' wohl, Grethel, bleib' nicht länger auf. Wie blaß Du heut' Abend aussiehst, armes Ding!

Margareth. Gute Nacht, Vater; ich werde mich bald niederlegen.

(Kerbelmann und Müller ab durch die Mittelthür.)

Achte Scene.

Margareth allein, später Kerbelmann.

Margareth. Was das für ein böses, häßliches Gefühl ist, wenn ein todter Mensch im Hause liegt, und man sich nun denken muß, wie — Nein, nein; ich will gar nicht denken, will mir das Herz nicht mit eisigem Grausen füllen, das mich am Ende nicht mehr ruhen und schlafen läßt. Das ist's auch jedenfalls, was mich so niedergedrückt, so ganz zerbrochen hat, daß ich kaum mehr aufrecht stehen kann, und es mir immer vorkommt, als ob ich in die Kniee sinken müßte. (Setzt sich. In schmerzlichem Nachdenken. Nach einer kleinen Pause.)

Und wenn's was Anderes wäre? wenn's nicht der heutige Abend, sondern jener Morgen wäre, an dem ich fröstelnd, zitternd vor dem Fenster da stand und unten — (sich gewaltsam aufraffend) Nein, nein, Grethel — nein; fort mit diesen ent=

setzlichen Gedanken. Der Joseph kommt nachher; er muß kommen, denn er hat's versprochen, und der wird Dir alle die furchtbaren Träume schon verscheuchen, und wieder Glück und Frieden in Deine Brust zurückbringen. — Armer Keller — der unglückliche Mensch thut mir leid. — Aber was kann ich, was der Joseph dafür, daß sie ihn vor der Zeit auf so grausame Weise aus der Welt geschickt haben? Der Joseph — — — ich wollte, er wäre erst da — er ginge nie wieder fort, daß er mich nicht ewig mit diesen furchtbaren, quälenden Gedanken allein ließe — Hah!

(ein kleiner Stein wird an's Fenster geworfen)

Da ist er schon. — Das ist früh. — Wenn ihn nur Niemand gesehen hat. Aber s'ist Alles sicher; der Vater sitzt drüben mit den Leuten im andern Haus, die Babett unten in der Küche — steh' mir bei, lieber Gott, ich kann ja nicht anders. (Sie öffnet das Fenster einen Augenblick, schließt es dann wieder, schiebt den Riegel der Thür neben dem Fenster (links) zurück und verschließt die Mittelthür.)

Kerbelmann (durch die kleine Thür von links).

Da bin ich, mein herziges Kind, denn ich mochte Dich nicht länger warten lassen. Es hat auch zu regnen aufgehört; die Wolken fangen an sich zu zertheilen, und wenn der Mond herausbrechen sollte, wird's nachher zu hell.
(Margareth geht auf ihn zu, ergreift seine Hand, und führt ihn schweigend zu dem einen Licht.)

(Unruhig) Was hast denn, Grethel? Bist ja heut so aufgeregt, und siehst so blaß aus? Was das Mädel für große, glänzende Augen macht.

Margareth (nach Fassung ringend, in bemerkbarer Aufregung). Nichts — Nichts, Joseph — gar Nichts. Nur eine Frage sollst Du mir beantworten, die mich die letzten Tage so gequält, die mir den Schlaf geraubt, ja das ganze Leben vergällt hat.

Kerbelmann. Das muß ja eine furchtbare Frage sein, die meinem, sonst so fröhlichen Mädchen dermaßen in den Kopf gestiegen ist. Herr Gott, Grethel, wie Dir der Puls schlägt.
(Man muß es dem Kerbelmann ansehen, daß er sich gewaltsam die größte Mühe giebt, unbefangen zu scheinen.)

Margareth (halb flüsternd und sich scheu umsehend). Willst Du mir ehrlich beantworten, um was ich Dich frage?

Kerbelmann. Gewiß, mein Herz. Warum denn nicht?

Margareth. Gut! dann sieh mir in's Auge. Sieh mich fest an, Joseph, und — sage mir: (mit fest entschlossener, aber immer noch halb unterdrückter Stimme) Wo warst Du an jenem Morgen, an dem der Forstgehilfe Keller ermordet wurde?

Kerbelmann (unwillkürlich ein wenig zusammen=zuckend, aber rasch wieder gefaßt). In meinem Bett, Grethel.

Margareth (ihm mit zitternder Hand das Haar aus der Stirn streichend). Du wirst blaß, Joseph — sieh mich an, (rasch und dringend) sieh mich an. (Joseph darf nicht den Kopf von ihr abdrehen, das wäre zu auffallend; er senkt nur das Auge.)

Kerbelmann (ihr voll in's Auge sehend). Aber wie kommst Du nur zu der Frage, Grethel?

Margareth. Wer war dann der Mann, der

an jenem Morgen noch vor Tag durch unseren Garten, unter meinem Fenster vorüberschlich?

Kerbelmann (vollkommen gefaßt). Ja, mein Herz, wie kann ich das wissen? — was that er aber — wohin ging er?

Margareth (erschüttert seine Hand loslassend). Ich weiß es nicht. Eine unnennbare, seltsame Angst hatte mich an dem Morgen geweckt. Es war mir, wie ich ordentlich wach wurde, als ob mir irgend ein furchtbares Unglück drohe — als ob ich an's Fenster stürzen und um Hülfe schreien müsse. Ich stand auf, kleidete mich an und wollte Licht machen; aber ich schalt mich selber, meiner kindischen Furcht wegen, und legte mich wieder nieder — bis es mich zum zweiten Mal vom Lager trieb. Ich kam in's Zimmer hier und trat an's Fenster, um zu sehen, ob der Morgen noch nicht graue — da — da gewahrte ich unten im Garten eine Gestalt, die Dir, Joseph — mir treibt es jetzt noch das Blut zum Herzen zurück, wenn ich daran denke — die Dir, Joseph, in jeder Bewegung glich. Es war allerdings noch zu dunkel, um Alles genau zu erkennen, aber die Gestalt nahm denselben Weg, den Du stets eingeschlagen, wenn Du mich im Garten verlassen.

Den ganzen Tag gestern — heute — habe ich mit peinlicher Ungeduld gewartet, daß Du mir das bestimmte Zeichen geben, daß Du mich aufsuchen solltest. Ich mußte Dich sprechen, um der quälenden Gedanken los zu werden, aber Du kamst nicht, und als ich die Gewißheit der schauderhaften That erhielt, als ich dabei immer wieder an jenen flüchtigen Schatten denken mußte, der durch den Garten schlich und der wie Du gewesen, da drückte mir die Angst beinah' das Herz ab.

Ich habe meine Arbeit wie in einem schweren Traum gethan, unbewußt, ohne Lust, ohne Trieb, als ob ich selber ein schweres Verbrechen verübt hätte — (schaudernd) — als ob ich es noch verübe, und nicht wieder froh werden könne, bis ich Dich selbst gesprochen. — Wo bist Du so lange gewesen, Joseph, daß Du nicht gestern Abend auch nur auf einen Augenblick herüberkommen konntest, um die Last von meiner Seele zu nehmen.

Kerbelmann. Ich konnte gestern Abend das

Haus nicht unbemerkt verlassen, liebes Kind. Alles schien gerade gestern zusammenzutreffen, mich zu hindern. Und dann — hattest Du mir nicht selber gesagt, ich solle nicht eher kommen, bis — Du mich wissen ließest, es sei Zeit?

Margareth. Also Du warst es nicht? — Gieb mir keine ausweichende Antwort mehr, Joseph. Antworte mir einfach mit Ja oder Nein, und bedenke, daß ich nur in der kurzen Zeit und in dieser Ungewißheit schon eine Qual ausgestanden habe, wie sie der wirkliche Mörder des Unglücklichen kaum gefühlt haben kann. (sich an ihn schmiegend.)

Sieh, Joseph, ich bin nur ein armes, einfaches Mädchen. Ich habe Nichts auf der Welt, als meine Liebe zu Dir — die Deine zu mir, durch die ich mich bis jetzt reich, o überreich geglaubt. — Ich hatte ja auch immer so volles Vertrauen zu Dir. Mochten die Anderen reden, was sie wollten, es ging mir zum einen Ohr herein und zum anderen hinaus. Ich möcht' Dir ja auch eben so gern jetzt glauben, — o so recht von Herzen gern — aber ehrlich und brav mußt Du mir antworten. Ehrlich und brav, als ob Du vor Gott ständest, in Deiner letzten Stunde. Sieh mich an dabei, Joseph — sieh mich fest an. Ich will's weniger in Deinem Wort hören — ich will's in Deinem Blick lesen — Du — Du hast den armen Keller nicht ermordet?

Kerbelmann (unwillkürlich zusammenzuckend). Grethel! —

Margareth (in furchtbarer Aufregung). Sag' ja oder nein, Joseph.

Kerbelmann (sich gewaltsam fassend). Nein denn, nein und tausendmal nein. Ich war auch an dem Morgen nicht in Euerem Garten oder — irgendwo anders als in meinem Bett, und bin zur gewöhnlichen Zeit aufgestanden — wie Dir meine Leute bezeugen können.

Margareth (leise wiederholend und ihn noch immer fest und stier ansehend). Wie mir Deine Leute bezeugen können. (Sie läßt ihn los, wendet sich ab und wiederholt halblaut.) Wie mir seine Leute bezeugen können.

Kerbelmann. Gewiß, mein Herz. Nun laß

aber auch den unglückseligen Gedanken fahren. Bist Du jetzt beruhigt?

Margareth. Es ist gut — ich — muß Dir glauben.

Kerbelmann. Und sei auch jetzt wieder mein gutes, fröhliches Kind, dem ich von Herzen danke, daß es mich endlich einmal hier zum Plaudern heraufgelassen hat. Wie viel besser ist's hier, als da unten in dem kalten Garten.

Margareth (mit mühsam erzwungener Fassung). Wir sind schon zu lange hier gewesen, darum gehe jetzt. Mich schmerzt mein Kopf so furchtbar, daß ich kaum denken kann. Gehe jetzt, Joseph; ich fürchte, ich werde krank.

Kerbelmann (sie leise an sich ziehend, was sie widerstandslos duldet). Das darfst Du nicht, mein Schatz. Und jetzt haben wir ja auch die Hoffnung, daß Dein Vater doch vielleicht seine Einwilligung zu unserer Verbindung giebt. Mir thut der Tod des armen Menschen gewiß von Herzen leid, und ich — hoffe, daß der Thäter seiner Strafe nicht entrinnen wird, — aber für uns ist dadurch ein Hinderniß weggefallen, und wenn ich ein ernstes Wort mit Deinem Vater spreche, sagt er gewiß ja.

Margareth. Geh' jetzt, Joseph, — geh'! — Mich befällt ein Schwindel, und ich muß mich niederlegen.

Kerbelmann. Und darf ich morgen wiederkommen?

Margareth. Nein — wir bekommen Besuch. Meiner Mutter Schwester wird auf einige Zeit zu uns ziehen, und mit mir in einem Zimmer wohnen.

Kerbelmann. Und soll ich mit Deinem Vater sprechen, Grethchen?

Margareth. Laß mir Zeit zur Ueberlegung, Joseph.

Kerbelmann (dem man es ansehen muß, daß er selber froh ist, jetzt hier wegzukommen). Dann gute Nacht für heute, mein liebes Kind. Aber laß mich nicht zu lange warten, bis ich Dich wiedersehen darf. (Er will sie umarmen; sie biegt aber den Kopf vor, und er küßt sie nur auf die Stirn.)

Gute Nacht! (ab durch die Thüre links.)

Sowie er hinaus ist, fährt Margareth scheu empor, sieht sich wild um, und löscht dann rasch beide Lichter aus. Nacht. Sich halb verbergend tritt sie an's Fenster, dem Fortgehenden nachzusehen — — — kurze Pause.

Margareth (bricht am Fenster in die Kniee). Dieselbe Gestalt! Er war es!

Der Vorhang fällt. — Ende des dritten Actes.

Vierter Act.

Einige Monate später als der dritte.
Zimmer in der Försterswohnung, wie im dritten Act.
Vorige Decoration.

Erste Scene.
Müller, Margareth.

Müller. Sag' nur, was Dir ist, Mädel. Du gehst mir, seit den Keller das Unglück betroffen, wie vor den Kopf geschlagen umher. Du ißt nicht, Du sprichst, wie mir die Base sagt, Nachts mit Dir selber. — Hast Du den Menschen geliebt, daß er Dir so das Herz schwer macht? Hab' doch nie 'was davon gemerkt, und immer nur geglaubt, Du wärst dem Hirschenwirth gut, der auch sein hübsches Besitzthum hat, und eine Frau schon ernähren könnte. Der Keller war ja doch auch — so leid es mir thut, daß er das Ende genommen — wohl ein

guter Jäger, aber sonst gerade kein überliebens=
würdiger Patron, daß ein Mädel wie Du sich die
Augen nach ihm ausweinen sollte.

Margareth (ruhig). Nein, Vater. Weiß es
Gott, mir hat der jache Tod des armen Menschen
manche heiße Thräne gekostet; ja — aber gern hab'
ich ihn nie gehabt, und hätt' nie im Leben seine
Frau werden mögen.

Müller. Na, dann mach' mir aber einmal
einen Vers darauf, weshalb Du gerade seit der
Zeit so traurig bist.

Margareth. Ich bin nicht wohl, Vater. Es
liegt mir immer so schwer auf der Brust. Ich
kann keinen Athem holen und — ich weiß eigentlich
selber nicht, wie mir ist. Laß es nur gut sein; es
wird schon wieder besser werden.

Müller. Also den Keller hast Du gewiß nicht
gern gehabt?

Margareth. Nein, Vater.

Müller. Und hast Du den Hirschenwirth gern?

Margareth. Vater —

Müller. Liegt Dir das vielleicht auf der

Seele, Mädel, und drückt Dir das Herz? — Ich weiß, wir haben schon früher darüber gesprochen, und ich wollte von der Geschichte Nichts wissen. Wir hatten den Mann damals in Verdacht, daß er mit den Wilderern unter einer Decke stäke, aber 's war falsch, und — mir wär's recht, wenn ich den Verdacht bei ihm wieder gut machen könnte. — Na? — Du sagst keine Sylbe dazu? — S'ist noch gar nicht lange her, daß ich den Namen Kerbelmann nicht hätt' erwähnen dürfen, und Du wärst wie Pulver aufgeblitzt.

Margareth. Und seid Ihr denn jetzt wirklich fest überzeugt, daß der Schöffel den Mord begangen hat?

Müller. Wie kommst Du jetzt auf die Frage, Mädel? Gewiß sind wir's. Alles stimmt, und kein Mensch hat schon seit Wochen mehr daran gezweifelt.

Margareth (schnell). Aber er hat nie bekannt?

Müller. Wird sich hüten. Der und bekennen. Er weiß recht gut, daß er an den Galgen muß, wenn er eingesteht, und an dem Bißchen Leben hängen wir ja Alle. Jetzt können sie ihn nur einfach in's Zuchthaus stecken, und gestern Abend ist ihm sein Urtheil publicirt worden. Er hat fünfzehn Jahre zu sitzen.

Margareth (erschüttert). Großer, allmächtiger Gott — fünfzehn Jahre.

Müller. Aber laß die alte Geschichte. Von dem Kerbelmann wollt' ich mit Dir sprechen. Hast Du ihn wirklich gern?

Margareth. Aber was hast Du nur heute auf einmal mit dem Hirschenwirth, Vater, ob ich ihn gern hätt' oder nicht? — Hab' ich ihn doch seit Wochen nicht gesehen und — auch wirklich gar nicht wieder daran gedacht — ob ich ihn gern hätt'! Wenn er's wissen will, wird er mich schon selber darum fragen.

Müller. Aber das ist's ja eben, Du närrisch Ding. Er hat gefragt — mich nämlich — und wird Dich auch fragen — und das heute noch.

Margareth (erschreckt). Heute, Vater?

Müller. Ich hab' um die Geschichte, wie die Katze um den heißen Brei herumgehen, und das Ganze recht klug und gescheidt anfangen wollen, aber — dazu paß' ich nicht. Besser g'rad heraus damit, dann weißt Du und ich und er gleich Alle, woran wir mit einander sind.

Margareth. Ich verstehe Dich gar nicht, Vater.

Müller. Noch nicht? Na, da hört Alles auf. Gut, so will ich's Dir denn noch deutlicher sagen. Der Kerbelmann hat mich heut' Morgen angesprochen. Er sagt, er könnt's nicht länger auf dem Herzen halten, wenn's ihm nicht brechen sollte — das ist natürlich nur so eine Redensart.

Margareth (in Spannung). Und er hat —

Müller. Bei mir um Deine Hand angehalten und mich gebeten, bei Dir ein gut Wort für ihn einzulegen. Er meinte, es quäle ihn Tag und Nacht, und er müßte wissen, ob Du ihn möchtest, und ob ich ihn zum Schwiegersohn wollte — und wenn wir Beide Nein sagten, dann litt es ihn auch nicht länger hier im Ort und er ging fort, je eher desto lieber, nach Amerika. — Verstehst Du's nun?

Margareth. Nach Amerika —

Müller. Aber um Gotteswillen, was hast Du, Mädel? Du siehst kreideweiß aus und machst ein paar Augen wie ein angeschossenes Reh. Ist denn das so ein großes Unglück, wenn Dir ein rechtschaffener Mensch seine Hand anbietet?

Margareth. Und willst Du mich los sein, Vater?

Müller. Unsinn, Mädel. Es thut mir selber weh, aber es kann ja doch einmal Nichts helfen. Heirathen wirst Du jedenfalls, und bald genug, und da ist mir's dann natürlich lieber, Du bleibst dicht bei mir im Ort, als daß Dir vielleicht irgend ein junger Praktikant den Kopf verdreht, und Dich auf ein ander Revier schleppt, wo ich Dich nachher nur alle Jubeljahr einmal zu sehen kriege.

Margareth. Ich will gar nicht heirathen, Vater; ich will bei Dir bleiben. — Wer soll Dich pflegen oder für Dich sorgen, wenn Du krank oder alt wirst?

Müller. Krank werden — papperlapapp — fällt mir gar nicht ein — ein Jäger und krank werden — und das Beieinanderbleiben? Du lieber

Gott, das ist schon einmal so in der Welt, daß die Kinder, wenn sie herangewachsen sind, nicht bei den Eltern bleiben können. Wenn sie flügge werden, fliegen sie aus in die Welt, und die Alten, wenn sie nicht vorher hinausfallen, bleiben allein im Nest zurück. Wer kann's ändern!

Margareth. Laß mich bei Dir bleiben, Vater.

Müller. Du närrisch Ding; die alte Babett wird mir schon das Bißchen Wirthschaft zusammenhalten. Die weiß genau, wie dick sie mir die Suppe und wie dünn den Kaffee kochen muß und — wenn ich mein Kind denn doch einmal von mir geben soll, kannst Du mir's auch nicht verdenken, daß ich es gut versorgt sehen möchte. Der Kerbelmann ist aber wirklich ein tüchtiger Wirth, das muß ihm der Neid lassen, und ein ehrlicher Kerl dazu, wie ich jetzt ganz gewiß weiß. Ich hab' ihn die letzte Zeit, ohne daß er das Geringste davon merken konnte, genau beobachten lassen, aber auch nicht das kleinste Unrechte an ihm verspürt, ja sogar im Gegentheil Manches erfahren, was mich recht von ihm gefreut hat. Auch mit dem Schöffel hat er sich vortrefflich benommen, denn trotz der Feindschaft zwischen den Beiden, wo es ihm nur ein verdächtigendes Wort gekostet hätte, dem Manne viel zu schaden, hat er sich nie dazu verleiten lassen, Rache an ihm zu üben.

Außerdem weiß ich gewiß, daß Du ihn gern gehabt hast, denn vor einem halben Jahre war's nicht Deine Schuld, daß Ihr damals nicht schon Mann und Frau wurdet. Was zum Henker ist Dir denn jetzt nur in die Krone gefahren, daß Du auf einmal als alte Jungfer sterben willst? (aus dem Fenster sehend) aber da kommt er gerad' durch den Garten. Jetzt kann er für sich selber sprechen.

Margareth (ängstlich). Jetzt schon? — jetzt? — Ach Vater, in diesem Augenblick kann ich ihn noch nicht sehen — ich — ich bin ja noch gar nicht ordentlich angezogen — ich komme gleich wieder, Vater. (rasch ab nach rechts.)

Zweite Scene.
Müller, dann Kerbelmann.

Müller (sieht' ihr lachend nach). Die Mädels sind sich doch alle gleich. Erst lamentirt sie mir die Ohren voll, daß sie bei mir bleiben will und den Kerbelmann nicht mag — blos um mich zu pflegen, natürlich — und mir die Suppe zu kochen, und kaum kommt der Bräutigam angezogen, da fällt's ihr ein, daß die Schürze nicht sauber genug, oder das Haar ein Bißchen wirr geworden, und wupp fährt sie zu Bau, nur um sich vor dem Spiegel schön zu machen und nachher recht unwiderstehlich zu sein. (es klopft.) Herein!

Kerbelmann. Guten Morgen, Herr Förster. Ich störe doch nicht?

Müller. Ah, guten Morgen, Kerbelmann. — Nein, Gott bewahre. Hab' eben mit dem Mädel gesprochen, und sie ist nur in ihr Zimmer gewischt, um — na um ein Bißchen Toilette zu machen. Wird gleich wieder da sein. Setzen Sie sich, Kerbelmann. Mädels sind wunderliche Dinger; wollen wie ein rohes Ei behandelt sein, und sträuben thun sie sich bis zum letzten Augenblick.

Kerbelmann (mißtrauisch). Hat Margareth Etwas gegen mich eingewandt, Herr Förster? — Hat sie Ihnen gesagt, daß sie mich nicht möchte? — Lieber Gott, ich bin nicht mehr so jung, und Hübschere giebt's auch wohl. Verdenken könnt' ich's ihr gerade nicht.

Müller. Thorheit! Kerbelmann. Ein junger Laffe giebt einen recht hübschen Liebhaber, aber einen schlechten Mann in die Wirthschaft, und das Letztere ist dann doch wohl die Hauptsache. Ueberdies weiß ich ja, daß Sie das Mädel schon lange gern gehabt, wenn ich — wenn auch — na das sind alte Geschichten, und die neue macht Ihr Beiden jetzt miteinander selber ab. — Aber Donnerwetter, wo steckt denn nur das Mädel, (geht an die Thür und klopft) heh Grethel, holla — es ist Besuch da.

Kerbelmann. Aber so lassen Sie doch nur dem armen Kinde Zeit.

Müller. Ach was da; Alles hat eben seine

Zeit, und ich will selber wissen, woran ich bin. Grethel, kommst Du?

Dritte Scene.
Margareth, die Vorigen.

Margareth (sehr still und bleich, in völlig unverändertem Anzug). Da bin ich, Vater. Grüß' Gott, Herr Kerbelmann.

Kerbelmann (verlegen). Grüß' Gott, Jungfer. Es sollte mir recht von Herzen leid thun, wenn ich wüßte, daß ich Sie gestört hätte. Ihr Vater — ich weiß nicht — ich glaube er hat — schon vorhin mit Ihnen gesprochen. — Ich hab' heute zu ihm geredet, Jungfer Margareth, und er — er hat mir gesagt — Er war so gar freundlich und gut; er hat Alles vergessen, was früher vielleicht zwischen uns Beiden vorgekommen ist, und da — da wollte ich heute fragen —

Müller (der sich indessen an den gegenüberstehenden Tisch gesetzt hat, lacht). Jetzt steckt er fest. Herr Gott, was die jungen Kerle für ein Maulwerk haben, wenn sie einem jungen Mädchen Unsinn vorsprechen.

Das fließt ihnen nur so, und geht wie ein Mühlwerk. Kommt's aber nachher einmal zum Treffen; sollen sie wirklich ein gescheidtes Wort für sich selber reden, so geht das Bißchen Verstand mit ihnen durch die Lappen, und sie sitzen so fest, als ob sie irgendwo auf ein Tellereisen getreten hätten. — Soll ich Ihnen heraushelfen, Kerbelmann?

Kerbelmann (bittend). Legen Sie ein gut Wort für mich ein, Herr Förster.

Müller (steht auf). Na Grethel, da wollen wir die Sache ganz kurz und bündig machen, damit wir mit einander das Mittagsessen nicht versäumen, denn die Babett klappert da drüben schon mit den Tellern. — Hier steht also der Herr Joseph Kerbelmann, Besitzer des schuldenfreien Gasthofs zum goldenen Hirschen, und frägt bei der ehrsamen Jungfer Margareth Catharina Barbara Müller gehorsamst an, ob sie —

Margareth (ihn unterbrechend, bittend). Vater, ich habe schon vorher mit Dir gesprochen. Ich habe Dir gesagt, daß ich Dich im Leben nicht verlassen will und kann. und daß — daß mir das Herz brechen müsse, wenn ich — mich je von Dir und Deiner Nähe trennen sollte.

Müller. Na nu steht mir aber doch wahrhaftig der Verstand still. Mädel, jetzt sei vernünftig. S'ist ein ernstes Ding, um was es sich hier handelt, und Dein ganzes künftiges Lebensglück hängt davon ab. — Ich begreife das Mädel nicht, Kerbelmann. Weiß der Kuckuk, durch was Sie's bei ihr verdorben haben, aber vor sechs Monaten hätte sie bei der Frage nicht so stockstill gestanden, wie sie jetzt thut, und ausgesehen, als ob sie eher an's hochnothpeinliche Halsgericht, als an den Altar geliefert werden sollte. — Hör', Grethel, was zu arg ist, ist zu arg. Wenn Du den Kerbelmann nicht magst, so sag' es wenigstens frei heraus, und weshalb? — Aber dastehen, als ob Du einen Ladestock verschluckt hättest, und die Nägel in der Diele zählen, damit ist's nicht abgethan.

Kerbelmann. Sie haben das arme Mädchen überrascht, Herr Förster. Geben Sie ihr Zeit sich zu erholen.

Müller. Na, dann thun Sie aber auch einmal das Maul auf. Donnerwetter, ich will das Mädel nicht heirathen, daß ich ihr Alles allein vorerzählen soll. Herr Gott von Danzig, ist das ein junges Volk jetzt in unseren Tagen; wenn ich daran denke, was ich für ein Mundwerk am Kopf hatte, wie ich um Deine Mutter freite. — Wie geschmiert ging's.

Kerbelmann. Ich will lieber auf ein ander Mal wiederkommen.

Müller. Daß wir die Thierquälerei noch einmal haben? Gott bewahre. Jetzt sind wir zusammen, und jetzt mag das Mädel frei von der Leber weg sagen, ob sie Euch will oder nicht. Grethel, magst ihn?

Margareth. Nein, Vater.

Kerbelmann (erschreckt). Margareth!

Müller. Das war wenigstens deutlich genug — kann sich kein Mensch darüber beklagen, — was die Bündigkeit anbetrifft.

Margareth. Ich will nicht heirathen. Ich hab' Dir's vorher schon gesagt. — Du hättest mir und — ihm diese Stunde ersparen können. Wenn's denn aber einmal sein muß, wenn Ihr mich zwingt, daß ich meine Meinung frei heraussagen soll, dann kann ich auch nicht anders, wie ich hoffe, daß mir Gott in meiner letzten Stunde beistehen möge.

Müller. Hm — die Sache wäre also abgemacht; wenn auch gerade nicht zu allerseitiger Zufriedenheit. — Nun aber noch eine Frage, Mamsell — warum nicht?

Margareth. Vater, ich bitte Dich um Gotteswillen.

Kerbelmann (scheu und rasch einfallend). Nein, Förster; das kann ich eben so wenig zugeben. Die Jungfer hat ein Recht, über ihre Hand zu verfügen, wie es ihr beliebt, ohne Einem von uns einen Grund dafür angeben zu müssen. (weich) Ich hatte einmal gehofft, daß mir die Margareth ein wenig — ein ganz klein wenig gut sei — das ist jetzt vorbei, und ich ziehe nun hinaus in die weite Welt — weit über's Meer — um den Schmerz mit mir zu nehmen, daß es eben nur ein schöner Traum gewesen (will fort).

Margareth (halb laut und mit sich selber ringend).
Joseph!

Kerbelmann (nach ihr umdrehend). Margareth! ist es denn ganz vorbei? — Ist denn kein Funken von Liebe in Dir zurückgeblieben? Willst Du auch noch den letzten Stachel in dies arme Herz bohren, daß es ganz verbluten soll?

Müller (ärgerlich). Ach was Stachel. Wenn sich so ein Ding einmal eine Schrulle in den Kopf gesetzt hat, dann ist sie wie ein stätig Pferd, und bockt entweder, oder geht durch. Na, ich hab' mein Möglichstes gethan, und mag mir die Zunge nicht weiter daran verbrennen. Wollt Ihr Euch noch einen Henkel zu dem Korb holen, den Ihr gekriegt habt, Kerbelmann, so kann mir's recht sein. Ich geh' meiner Wege. Adjes zusammen.
(Stülpt seine Mütze auf und ab.)

Vierte Scene.
Die Vorigen, ohne Müller.

Margareth. Ich kann nicht anders, Joseph. Frage mich nicht weiter. Es ist mir ein kalter Reif auf's Leben gefallen, den ich nie und nimmermehr abschütteln werde. Ich bin eine Andere geworden, wie ich war; ich würde nie glücklich mit Dir werden, Joseph — ich würde Dich nie glücklich machen können, und da — ist's besser, daß wir getrennt bleiben für ewige Zeiten — Leb' wohl.

Kerbelmann. Und soll ich so von Dir scheiden, Margareth? Soll ich die Worte, soll ich den Blick als letzte Erinnerung von Dir mitnehmen in die weite Welt?

(Margareth steht unschlüssig und mit sich kämpfend.)

Glaub' nicht, daß mir noch Freude draußen blüht; glaub' nicht, daß ich wieder eine frohe Stunde haben werde, wenn ich so von der Margareth scheiden müßte, die mir einst sagte, daß sie mich von Herzen und von ganzer Seele liebe. — Aber ich weiß ja, welcher dunkle Schatten auf Deiner Seele liegt — (Margareth sieht ihn scheu an) weiß ja, welcher furchtbare Verdacht Dich mir entfremdet hat, daß Du Schwur und Liebe und Treue vergessen konntest, eher, als daß Du mir vertraut hättest.

Margareth. Joseph, wenn Du mir den

Schatten von der Seele nehmen, wenn Du mir mit einem Wort Licht, Luft, Liebe, Glück und Sonnenschein zurückgeben könntest, oh, ich wollte Dich segnen bis an das Ende meiner Tage, und knieend zu Deinen Füßen liegen und Dir danken.

Kerbelmann. Aber was kann ich thun? — Was kann ich mehr thun, als ich schon gethan? Glaubst Du denn meiner Versicherung? Hat sich nicht jene unheilvolle Idee in Deine innerste Seele eingebohrt, und bin ich im Stande, dieses Schattenbild zu zerstören?

Margareth (schaudernd und vor sich hin starrend). Schattenbild — ja — ja, sein Schatten! — Wie ein Schatten gleitet es am hellen Tage vor meinen Augen vorüber. Wie ein Schatten schleicht es sich durch die Dämmerung, und wie ein Schatten lagert es Nachts auf meinem Herzen.

Kerbelmann. Ein Traum, ein wirrer Traum. Es ist rein um den Verstand zu verlieren, daß eine solche unselige Phantasie zwei Menschen um ihr Glück betrügen sollte. Damals sagtest Du mir, daß Du mir glauben wolltest, wenn ich ja oder nein zu Deiner Frage spräche, und dennoch diese Zweifel immerdar.

Margareth (rasch). Nicht Deinem Wort, Joseph, sagte ich, daß ich glauben wollte, Deinem Auge — ha! wieder dieser furchtbare Blick, der scheu dem meinen ausweicht. Joseph, Joseph, was hab' ich Dir gethan, daß Du mich so namenlos elend gemacht.

Kerbelmann (scheu). Gut; so geh' hin vor Gericht. Sag' ihnen, daß all' ihre Beweise und Zeugen Nichts, daß sie ungültig wären. Sag' ihnen, daß Du den Mörder kenntest — Sag' ihnen, daß ich — ich, Joseph Kerbelmann den Forstgehülfen Keller ermordet hätte — Geh' — sag' ihnen das. Ich werde Dir nicht widersprechen — ich will Dich nicht Lügen strafen vor Gericht. Sie mögen mich in's Zuchthaus stecken oder um's Leben bringen — was liegt daran — ist mir das Leben jetzt doch ohnedies nur noch eine Last, die ich eben schleppen muß, bis mein Räderwerk abgelaufen.

Margareth. Ja, Joseph. Manchmal ist mir's, als ob ich hinaus müßte, als ob ich's den Leuten auf der Straße zuschreien müßte, ich — ich bin die Schuldige, denn durch mich ist der arme unglückliche Mensch ermordet worden; aber wie Blei legt sich's mir dann auf die Glieder. Oh geh', Joseph, — geh' fort. Schick' mir den Vater, daß mir der wieder von dem Verhör erzählt — von all' den Beweisen, die gegen den rothen Schöffel vorgebracht wurden, und was er früher für ein schlechter Mensch gewesen. Geh', Joseph — sei barmherzig und geh' — geh'. —

Kerbelmann (der sie bei den letzten Worten starr angesehen hat, mit vor innerer Bewegung erstickter Stimme). Margareth! Margareth! und wenn — wenn der rothe Schöffel — unschuldig wäre?

Margareth (von dem Gedanken erfaßt, entsetzt zu ihm aufschauend). Joseph!
(Kerbelmann, fast außer sich, ringt mit sich. Er kann das Geständniß nicht über die Lippen bringen, wirft sich endlich überwältigt vor ihr nieder, und birgt sein Gesicht in ihrem Kleid.)
(Nach einer Pause halblaut und erschüttert). Joseph, armer, armer Joseph! Du — Du hast den Forstgehülfen im Wald erschlagen.

Kerbelmann (bleibt noch vor ihr liegen und preßt sich fester an sie. Endlich springt er auf). Leb' wohl!
(stürzt ab.)
(Margareth birgt ihr Gesicht erschüttert in den Händen.)

Der Vorhang fällt. Ende des vierten Actes.

Fünfter Act.

Kurze Scene mit Wald, rechts eine kleine dürftige Pirschhütte.

Erste Scene.

Martha (ärmlich und abgerissen gekleidet, kommt aus dem Haus und sucht Reisig zusammen). Wie kalt der Wind hier oben über die Berge streicht, wenn da unten im Thal auch schon das Frühjahr lange eingezogen. Die armen Kinder erfrieren mir drinnen, wenn ich ihnen nicht Holz zusammensuche, Holz — ja — das find' ich wohl hier oben im Wald, und kann sie damit vor Frost und Kälte schützen — aber was weiter? — und das wär' Alles nur der Anfang vom Elend — oh, ist das Gerechtigkeit, Gott? — ist das Gerechtigkeit? (sie birgt ihr Gesicht in der Schürze — nach einer Pause)

Der Schöffel mag früher ein wilder Mensch gewesen sein, der gerade nicht so gelebt, wie es die großen Herren und die Gerichtsmenschen gefreut, aber jetzt — jetzt ist er die langen, langen Jahre brav und gut gewesen, jetzt hat er gearbeitet im Schweiße seines Angesichts, und ich — ich — was hab' denn ich gethan und verschuldet, daß ich jetzt all' das Elend, all' den Kummer tragen muß? Was haben die armen Kinder da drinnen verbrochen, daß sie hungern und darben sollen ihre ganze Lebenszeit? — —

Und wenn er's gethan hätte — wenn der Schöffel wirklich den Mord begangen hätte, wie ich in meinem innersten Herzen weiß, daß er's nicht gethan hat, wen strafen sie denn jetzt dafür? Wen trifft denn der Schlag, den sie von da oben führen und Gerechtigkeit nennen, am Härtesten? Uns, die wir jetzt mit dem Schöffel verurtheilt — unschuldig verurtheilt werden, allein und hülflos, ohne Beistand, ohne Trost und Liebe durch's ganze lange Leben zu gehn — oder ihn? Aber das fällt Niemandem ein, darum bekümmert sich Niemand —

's ist ja nur die Frau von 'nem Kreiser — wo hat der Art Herz oder Liebe!

(preßt sich die Stirn mit den Händen)

Ach — fort — fort mit dem Gedanken; man könnte verrückt werden, wenn man sich über alles Das den Kopf zerquälen wollte.

(Nimmt ihr Reisig wieder auf; ab in's Haus.)

Zweite Scene.
Kerbelmann, dann Martha.

Kerbelmann. (In tiefem düsteren Nachdenken). Vorbei — vorbei — Alles vorbei und todt und begraben — Hoffnung, Glück, Liebe — Alles todt und begraben mit dem blutigen Leichnam, den sie neulich in die Gruft gesenkt —

Glück, Liebe und Hoffnung — und ist denn Alles todt? Alles begraben? — Der Mensch kann viel entbehren und doch bestehen, sein Dasein wenigstens durch seine Spanne Zeit schleppen, aber ohne Hoffnung, ohne selbst die Möglichkeit, daß ihm noch einmal die Sonne wieder lachen könnte — kann er da leben? kann er existiren ohne Hoffnung?

Oh Margareth, Margareth — ja, ich fühle, ich habe Dich verloren, denn dem **Verbrecher** hättest Du vielleicht verziehen, aber nie und nimmer dem Lügner, der Dein reines Herz betrogen, Dein Vertrauen getäuscht. Vorbei — Alles vorbei, und wie ich dies Leben fortan ertragen sollte, wüßte ich selber nicht, (müde) wär' es überhaupt noch der Mühe werth, darüber nachzudenken. — Was wollt' ich denn eigentlich? — weshalb bin ich hier in den Wald gekommen? — ha! ja — des Schöffel Haus — die Frau leidet Noth, ich — wollte mich ja wohl erkundigen, wie's ihr geht, und — helfen — wenn sie Hülfe braucht — He! holla (klopft an die Thür) Niemand drinnen?

Martha (aus der Thür tretend). Seid Ihr vom Weg abgekommen, daß Ihr Euch in diesen Waldwinkel verirrt habt?

Kerbelmann (vor der zerlumpten Gestalt scheu einen Schritt zurücktretend). Wohnt hier der Schöffel? Die Leute haben mich hierher gewiesen?

Martha (bitter lachend). Der Schöffel? — nein, der wohnt hier nicht. Der ist stolz geworden, und in ein großes Haus gezogen. Seid Ihr in der Gegend bekannt? Gleich über Grafenhoff steht ein prächtiges altes Schloß mit hohen Mauern, niederen Thürmen und eisernen Verzierungen vor den Fenstern. Ihr könnt gar nicht fehlen; eine breite Pappelallee führt vom Orte drunten g'rade hinauf. Dort wohnt der Schöffel auf Besuch, und mich hat er indessen, mit den Kindern drinnen, zurückgelassen, um die Tage und Stunden zu zählen, bis er ein alter Mann geworden, und ich ihn dann hier draußen zu Tode pflegen darf.

Kerbelmann (erschüttert). Ihr seid arm?

Martha. Das ist ein Loos, bei dem ich eine große Gesellschaft habe, und man wird's mit den Jahren gewohnt. Unser Herr Pfarrer sagt aber: Was man ist, soll man ordentlich sein — und ich bin's ordentlich, des ist Gott mein Zeuge. —

Kerbelmann (abwehrend). Ich weiß Alles — deshalb komme ich her, Euch eine Hülfe anzubieten.

Martha. Uns eine Hülfe? was kann uns helfen!

Kerbelmann. Geld kann Euch helfen und vor Mangel schützen.

Martha. Geld? — ja — Geld kann uns helfen Brod kaufen. Aber kann Geld den Vater und Mann aus dem Kerker bringen? Kann es den Frieden, das häusliche Glück dieser armseligen Hütte wiedergeben, den sie für immer verloren hat? — Gott wird helfen; er wird uns zu sich nehmen — und uns da oben vergelten, was uns die Menschen hier unten zu Leid gethan, wie er den Mörder strafen wird, der solches Elend, solches unsagbares Elend über uns gebracht, in Zeit und Ewigkeit.

Kerbelmann (scheu). Ewigkeit — Märchen, von denen Ihr schwatzt, ohne sie zu verstehen. Wenn uns das enge Grab geschaufelt wird, und unser Leib da drinnen liegt und modert, dann ist's vorbei, — vorbei mit Allem; muß vorbei sein.

Martha (erschreckt). Und Ihr glaubt nicht an ewiges Leben?

Kerbelmann. Ewig — was ist denn ewig? Auf der Erde sind's unsere Sorgen und Mühen und Leidenschaften, die ein Geschlecht dem andern hinterläßt, aber die Geschlechter selber? — Lächerlich! und nur die bodenlose Eitelkeit des übermüthigen Menschengeschlechts konnte ein solches Spukgebild erfinden.

Martha (die ihm staunend und erschreckt zugehört). Und **uns** hier, **uns**, die wir noch nie ein Leben **gehabt**, die wir von der Geburt an in den Staub getreten wurden. Uns hier, die in Elend und Jammer groß geworden, und für die nur der Himmel die einzige Hoffnung bleibt, **uns** wollt Ihr sagen, daß es keinen Himmel, keine ewige Vergeltung, keine Seligkeit giebt? Und wofür dann Alles hier? all' das Leid, all' der Jammer, all' das Elend, wenn uns auch noch dieser letzte Trost — diese letzte **Hoffnung** abgeläugnet wird? Mensch — wißt Ihr, was das heißt, wenn einem Herzen die **letzte Hoffnung** genommen ist?

Kerbelmann (sich gewaltsam fassend). Laßt das — kehrt Euch nicht an das, was ich gesprochen; ich bin krank; mein Kopf brennt — aber ich vergesse ganz, weshalb ich herkam. — Ich wollte Euch helfen. Hier — nehmt diese Verschreibung. Sie giebt Euch und Euren Kindern genug, bis zum Tode.

Martha. Wer Ihr auch seid, der uns diese Wohlthat erzeigen will, vergelt's Euch Gott, aber — den Schöffel könnt Ihr uns doch nicht wiedergeben.

Kerbelmann (kalt). Ihr sollt ihn wieder haben.

Martha (freudig erschreckt). Den Schöffel? (wieder traurig und niedergeschlagen) Du lieber Gott! wißt Ihr denn nicht, daß er zu fünfzehn Jahren verurtheilt ist, und was die erst einmal hinter ihren Mauern haben, das geben sie nicht wieder heraus.

Kerbelmann (giebt ihr den zweiten Zettel). Hier mit dem Zettel geht hinunter auf's Gericht, und wenn sie Euch nicht vorlassen wollen, schickt ihn nur zum Actuar hinein.

Martha. Und darauf sollen sie mir den Schöffel freilassen? — Ach, treibt um Gotteswillen nicht Euren Spaß mit einem armen Herzen, das so schon fast gebrochen und zertreten ist.

Kerbelmann (erregt). Geht damit auf's Gericht — glaubt Ihr, daß ich hierher gekommen bin, mit Euch meinen Spott zu treiben?

Martha (seinen Arm ergreifend). Aber wie kommt Ihr dazu, mir und den Kindern so viel Gutes zu erweisen, und — von wem habt Ihr denn die Macht?

Kerbelmann (will fort). Das steht Alles in dem Papier.

Martha (das Papier ansehend). Aber ich begreife gar nicht.

Kerbelmann. Glaubt meinem Wort, und — lebt wohl. (rasch ab nach links.)

Martha (in dem Papier lesend). Jesus, Maria und Joseph — der Hirschenwirth hat's gethan! der Schöffel ist unschuldig! (stürzt in das Haus.)

Verwandlung.

Zimmer in der Wohnung des Förster Müller, wie in den vorigen Acten.

Dritte Scene.

Margareth kommt aus ihrer Kammer von der rechten Seite, später Kerbelmann aus der Mittelthür.

Margareth. Wie das heut' so still und todt da braußen ist — braußen in der Welt und hier im Haus. Der Nebel liegt wie Blei auf der Waldung, und die Sonne hat heut' noch nicht einmal durchbrechen können, so viel Mühe sie sich auch dazu gegeben.

Ist mir's darum auch im Herz so furchtbar schwer, oder seh' ich den Nebel und das dunkle Wetter nur allein so trübe draußen, weil's vielleicht grad' der Wiederschein des schweren Herzens ist?
(Setzt sich an den Tisch und stützt den Kopf in die Hand.)

Ach Du lieber Gott, ich wollt', ich wär' todt und begraben, und läg' draußen unter den stillen Frühlingsblumen im Wald — tief im Walde drinnen. Wie sanft, wie ruhig sich's da muß schlafen lassen nach all' dem Schmerz, all' den Sorgen, die uns hier oben im Sonnenlicht die Seele wund gedrückt.

Und der Vater? Ach, er würde sich auch beruhigen über die Margareth, wenn er sie nur erst für sicher und gewiß verloren hätte, und sie gut aufgehoben wüßte in ihrem stillen Haus.

Es ist wohl ein schwer Ding, wenn wir ein recht liebes Herz verlieren müssen auf der Welt;

wenn es der Tod still aus unserer Mitte ruft, und
draußen in die lange Reihe von Gräbern bettet. —
Es thut weh, recht weh, und unsere Thränen flie=
ßen heiß. — Aber selbst in den Thränen liegt auch
wieder ein Trost, und mit dem Bewußtsein, daß
wir ja bald selber den Weg zu gehen haben und
ihm dort wieder begegnen, schwindet auch der ärgste
Schmerz — oder schmilzt wenigstens in eben den
heißen Thränen mehr und mehr zusammen.

Und ich? — bewein' ich keinen Todten? —
Nein, nein, (von ihrem Stuhl aufspringend) der An=
deren Kummer ist Seligkeit gegen meinen Schmerz,
denn lebendig begraben hab' ich meine Liebe —
lebendig begraben, und wenn ich Ruhe haben will;
wenn ich mich nach Frieden sehne, regt sich der
Todte da unten, und streckt die Arme flehend nach
mir aus.

Aber fort! fort mit den furchtbaren Gedanken,
die mir das Herz zerfleischen, daß es immer von
Frischem blutet. Ich darf, ich will nicht mehr an
ihn denken. Er ist todt, todt für mich, und alles

Leiden hat damit ein Ende — muß ein Ende
haben.

(Setzt sich wieder zum Tisch und nimmt eine Arbeit auf.)

Wo nur der Vater heute bleibt? er wollt' schon
um zwei Uhr wieder da sein, und jetzt ist's bald
halb vier.

(Kerbelmann öffnet, von ihr unbemerkt, die Mittelthür, und
beobachtet sie still und ernst).

(Margareth läßt ihre Arbeit in den Schooß sinken).

Und was nützt mir der Vater? — kann ich — darf
ich ihm mein Herz ausschütten? — darf ich ihm
erzählen, was mich hier quält und drückt, und mir
die Ruhe am Tag, den Schlaf bei Nächten raubt?
— Nein — still und allein muß ich's tragen, mein
ganzes Leben lang; keinem Menschen darf ich's
vertrauen, und ob es mir auch manchmal die Brust
zersprengen möchte — kein Ende hat die Qual,
kein Ende, und erst wenn ich selber im stillen Grab
liege, werde ich wieder Ruhe bekommen — ach
(ihre Arbeit wieder aufnehmend) ich wollt', ich wär' schon
todt.

Kerbelmann (langsam vortretend). Margareth.

Margareth (erschreckt emporfahrend). Heilige Mutter Gottes; der Joseph!

Kerbelmann (mit eisiger Ruhe). Erschrick nicht, Margareth. Nicht um Dich zu ängstigen oder auf's Neue zu quälen, bin ich noch einmal zu Dir gekommen, sondern um Dir die Ruhe zu geben, armes Herz, nach der Du Dich so heiß gesehnt. Du sollst nicht länger gezwungen sein, das Dich drückende Geheimniß vor der Welt verborgen zu halten. Ich selber bin jetzt im Begriff, einen schweren Gang zu thun, und nur noch einmal sehen wollte ich Dich vorher, Margareth, wollte Abschied von Dir nehmen und Dich bitten, nicht mit zu herbem Groll meiner zu gedenken. Nicht aus bösem Herzen, nicht als schlechter Mensch beging ich ja ein Verbrechen, nur ein unglückseliges Verhängniß schleuderte mich in die Bahn, auf der ich so thöricht war zu glauben, selbst mit dem Verbrechen auf der Seele, Deiner reinen Liebe noch würdig bleiben und Dich gewinnen zu können. — Aber noch mehr — ich bin auch *unwahr* gegen Dich gewesen, und das hat mir die letzten Stunden am Meisten am Leben gefressen. — Erst jetzt habe ich meinen Frieden wieder gewonnen, und das Mittel gefunden, mir durch Reue und Sühnung — wenigstens **nach dem Tode** — Deine Liebe zu sichern.

Margareth. Joseph! um aller Heiligen willen! was hast Du vor?

Kerbelmann. Ich will auf das Amt gehen und den Herren da oben, die trotz ihren Untersuchungen und Verhören bis jetzt doch nur im Dunkeln tappten, den wirklichen Mörder des Forstgehülfen nennen.

Margareth. Joseph!

Kerbelmann. Der Joseph Kerbelmann soll Dir dann nicht länger mehr — ein Schreckbild — auf der Erde herumgehen. Jener **Schatten** soll versöhnt werden, der Deine Träume quälte, und Dein armes treues Herz mit wilden, furchtbaren Ahnungen füllte. Ich will mit einem Wort **sühnen**, was ich gethan, und der **menschlichen** Gerechtigkeit zum Opfer fallen, damit Gott da oben sein Antlitz nicht von mir wende.

Vierte Scene.

Förster Müller. Die Vorigen.

(Müller mit der Mütze auf dem Kopf rasch in das Zimmer tretend, ohne Kerbelmann gleich zu sehen, Margareth wendet sich ab, ihre Bewegung zu verbergen.)

Müller. Margareth, Margareth, Denke Dir nur; da komme ich eben herunter vom Gericht — (sieht Kerbelmann — erschreckt) Kerbelmann! Sie hier? Gensdarmen fliegen nach allen Seiten aus, um den Mörder zu suchen. Unglücklicher Mensch, was haben Sie gethan?

Kerbelmann (ruhig). Was ich eben im Begriff bin zu sühnen, Herr Förster. Aber es ist mir lieb, daß ich Sie hier treffe. Sie ersparen mir einen schweren Gang — (weich zu Margareth) Dich zu besitzen, Margareth, war mein einzig Streben. Ohne Dich konnte ich mir kein Glück denken. Das ist jetzt vorbei — ich habe Dich verloren, und Alles, was mir jetzt zu thun noch übrig bleibt, ist, dieses doch werthlose Leben von mir zu werfen. Schütze Dich Gott! (will fort.)

Margareth (in ausbrechender Leidenschaft). Joseph! Joseph! nicht so — nicht so! Dein Glück konnt' ich — durft' ich nicht mit Dir theilen, aber jetzt, wo Du sühnen willst, was Du gethan, wo Du allein stehst in der Welt, da Gottes Gericht über Dich hereingebrochen, jetzt möcht' ich Dir folgen in's Elend — und jetzt darf ich Dir auch sagen, daß ich Dich stets geliebt mit voller Seele — daß ich Dich noch liebe, Joseph, wie kein Menschenherz je geliebt, und daß ich Dir treu bleiben werde bis in den Tod. (Wirft sich in seine Arme.)

Müller (erschreckt). Margareth.

Kerbelmann. Dank, Dank, Margareth, heißen Dank für diesen letzten Trost! Du kannst nicht mit mir, aber freudig scheid' ich jetzt. Leb' wohl, mein Lieb — auf Wiedersehen dort oben. — Ja, wie ich mich auch selbst habe täuschen wollen — im tiefsten Herzen fühl' ich's — es g i e b t für uns eine Ewigkeit — die Ewigkeit der Liebe.

Fort! fort! — des armen Schöffel Frau muß ihren Mann wieder haben, (aus dem Fenster deutend) schon erwarten mich die Diener der Gerechtigkeit —

Margareth! leb' wohl, und wenn Du manchmal an den Joseph denken willst, so thu's in Liebe, wie Du's stets gethan — leb' wohl!

(Er küßt ihre Stirn, reißt sich von ihr los und stürzt ab. Margareth erfaßt den Tisch und hält sich krampfhaft fest.)

Müller. Armer, armer Mensch! und mit der Schuld auf dem Herzen, wie mag er — kann er leben, (halblaut und scheu) und er wird's auch nicht.

(Margareth schaudert, wie von demselben Gedanken erfaßt, zusammen.)

Margareth! — was hast Du? — sei stark, mein Mädel — sei stark!

(Es fällt draußen ein Schuß.)

Margareth (emporschreckend). Was ist das? (sich an des Vaters Brust werfend) Vater!

Müller (erschüttert). Gott sei seiner armen Seele gnädig!

Vorhang fällt.

Druck von G. Pätz in Naumburg

Im Verlage von **Hermann Castenable** in Leipzig erschienen ferner folgende neue Werke:

Gerstäcker, Friedrich, Die Colonie. Brasilianisches Lebensbild. 3 Bde. 8. broch. circa 3¾ Thlr.

Arthur Stahl, Ein weiblicher Arzt. Ein Roman. 2 Bde. 8. broch. 2 Thlr.

Eichenfels, Hans von, Das Erbschloß. Ein Roman. 3 Bde. 8. broch. 3¾ Thlr.

Humboldt's, Alexander von, Briefwechsel mit Heinrich Berghaus aus den Jahren 1825 bis 1858. Drei starke Bde. gr. 8. à Band circa 2 bis 2½ Thlr.

Jenssen-Tusch, G. F. von, Die Verschwörung gegen die Königin Caroline Mathilde und die Grafen Struensee und Brandt. Nach ungedruckten Quellen und in selbstständiger deutscher Bearbeitung nach L. J. Flamand. Gr. 8. broch. 2½ Thlr.

Buchrucker, Wilhelm, Pfarrer, Spurgeon. Ein Lebensbild. 8. broch. 12 Ngr.

Körner, Friedrich, Der Volksschullehrer. Pädagogik der Volksschule. 2. Auflage. 8. broch. 27 Ngr.

Bibra, Ernst Freiherr von, Ein Juwel. Südamerikanischer Roman. 3 Bde. 8. broch. 3¾ Thlr.

Möllhausen, Balduin, Der Mayordomo. Erzählung aus dem südlichen Kalifornien und Neu-Mexico. Im Anschluß an den „Halbindianer" und „Flüchtling". 4 Bde. 8. broch. 5 Thlr.

Brachvogel, A. E., Historische Novellen. Zwei starke Bände. 8. broch. 3 Thlr.

Wickede, Julius von, Der lange Isaack. Historischer Roman aus der Zeit des deutschen Befreiungskrieges. 3 Bde. 8. broch. 4½ Thlr.

Brachvogel, A. E., Theatralische Studien. 8. broch. 24 Ngr.

Möllhausen, Balduin, Palmblätter und Schneeflocken. Erzählungen aus dem fernen Westen. 2 Bde. 8. broch. 2½ Thlr.

Perels, Emil, Handbuch zur Anlage und Construction landwirthschaftlicher Maschinen und Geräthe für Maschinenfabrikanten, Constructeure, für Studirende der Technik, polytechnische Schulen zu Vorträgen und für gebildete Landwirthe. In 7 Heften mit circa 80 lith. Tafeln. Lex.-8. Preis pro Heft broch. circa 1⅓ Thlr.

Berlepsch, H. A., Die Alpen in Natur- und Lebens-Bildern. Mit 16 Illustrationen von E. Rittmeyer. Pracht-Ausgabe. Lex.-Oct. Ein starker Band. Eleg. broch. 3 Thlr. 26 Ngr. Eleg. geb. mit vergoldeten Deckenverzierungen 4⅓ Thlr. Mit Goldschnitt 4⅔ Thlr. **Wohlfeile Volksausgabe.** gr. 8. broch. 1⅔ Thlr. Eleg. geb. 2 Thlr. 5 Ngr.

Bibra, Ernst Freiherr von, Aus Chili, Peru und Brasilien. 3 Bde. 8. broch. 3¾ Thlr.

Bibra, Ernst Freiherr von, Erinnerungen aus Süd-Amerika. 3 Bde. 8. broch. 3½ Thlr.

Brachvogel, A. E., Ein neuer Falstaff. Roman. 3 Bde. 8. broch. 4½ Thlr.

Brachvogel, A. E., Aus dem Mittelalter. 2 Bde. 8. broch. 2¼ Thlr.

Brachvogel, A. E., Der Trödler. Ein Roman aus dem Alltagsleben. 2 Bde. 8. broch. 2 Thlr. 7½ Ngr.

Brachvogel, A. E., Benoni. Ein Roman. 3 Bde. 2. Auflage. 8. broch. 3 Thlr. 15 Ngr.

Brachvogel, A. E., Narciß. Ein Trauerspiel. Min.-Ausgabe. 2. Aufl. broch. 24 Ngr. Prachtvoll geb. mit Goldschn. 1 Thlr. 2 Ngr.

Brachvogel, A. E., Adelbert vom Babanberge. Ein Trauerspiel. Min.-Ausgabe. broch. 24 Ngr. Prachtvoll geb. mit Goldschnitt 1 Thlr. 2 Ngr.

Brachvogel, A. E., Der Usurpator. Ein dramatisches Gedicht. Min.-Ausg. broch. 27 Ngr. Prachtvoll geb. mit Goldschnitt. 1 Thlr. 5 Ngr.

Bunyan, Johann, Die Pilgerreise aus dieser Welt in die zukünftige. Aus dem Englischen mit Einleitung und Anmerkungen von Dr. Friedrich Ahlfeld, Pastor an der St. Nicolaikirche zu Leipzig. Pracht-Ausgabe mit 12 Holzschnitten. Zwei Theile in Einem Bande. 8. broch. 1⅚ Thlr. In elegantestem englischen Einbande mit reich vergoldeten Deckenverzierungen und Goldschnitt. 2⅓ Thlr.

Burow, Julie (Frau Pfannenschmidt). Des Kindes Wartung und Pflege und die Erziehung der Töchter in Haus und Schule. Ein Handbuch für Mütter und Erzieher. (Das Buch der Erziehung in Haus und Schule. Erste Abtheilung.) 8. broch. 27 Ngr.

Körner, Friedrich, Director an der höhern Handelsakademie in Pesth. Die Erziehung der Knaben in Haus und Schule. Ein Handbuch für Eltern und Erzieher. (Das Buch der Erziehung in Haus und Schule. Zweite Abtheilung.) 8. broch. 27 Ngr.

Ernesti, Louise, Geld und Talent. Roman. 3 Bde. 2. Aufl. 8. broch. 2⅚ Thlr.

Gerstäcker, Friedrich, Der Kunstreiter. Eine Erzählung. 3 Bde. 8. broch. 3 Thlr. 15 Ngr.

Gerstäcker, Friedrich, Achtzehn Monate in Süd-Amerika und dessen deutschen Colonien. 6 Theile in 3 Bänden. 8. broch. 5⅓ Thlr.

Gerstäcker, Friedrich, Die Regulatoren in Arkansas. Aus dem Waldleben Amerika's. Erste Abtheil. 3 Bde. 4. Aufl. 2. Stereot.-Ausgabe. 8. broch. 1⅔ Thlr.

Gerstäcker, Friedrich, Die Flußpiraten des Mississippi. Aus dem Waldleben Amerika's. Zweite Abtheil. 3 Bde. 4. Aufl. 2. Stereot.-Ausgabe. 8. broch. 1⅔ Thlr.

Gerstäcker, Friedrich, Unter dem Aequator. Javanisches Sittenbild. 3 Bände. 8. broch. 4¼ Thlr.

Gerstäcker, Friedrich, Die beiden Sträflinge. Australischer Roman. 8. 3 Bde. broch. 3⅚ Thlr.

Gerstäcker, Friedrich, Nach Amerika! Ein Volksbuch. Illustrirt von Theod. Hosemann und Karl Reinhardt. 6 Bde. 8. broch. 6 Thlr. 12 Ngr.